Rieder · Maria Theresia

Heinz Rieder

Maria Theresia

Herrscherin und Mutter

Diederichs

Die Deutsche Bibliothek – CIP-Einheitsaufnahme
Rieder, Heinz:
Maria Theresia : Herrscherin und Mutter / Heinz Rieder. –
München : Diederichs, 1999
ISBN 3-424-01477-X

Umschlaggestaltung: Zembsch' Werkstatt, München,
unter Verwendung eines Ölgemäldes von
Martin van Meytens d. J., 1759
Produktion: Tillmann Roeder, München
Satz: Casimir Katz Verlag, Gernsbach
Papier: Säurefrei gebleichtes, fast holzfreies Werkdruck,
Schleipen
Druck und Bindung: Ebner, Ulm
Printed in Germany

ISBN 3-424-01477-X

Inhalt

„Sieh nur auf das Herz ..."

(Aus einem Brief Maria Theresias
an ihren Sohn Joseph)

EINLEITUNG

Es ist dies die Geschichte eines liebenswerten Menschen. Noch in ihren Briefen besticht Maria Theresia den Historiker, dem sie die Bemühung um einen objektiven Standpunkt ihr gegenüber schwermacht. Als Beherrscherin einer der größten Kontinentalmächte des achtzehnten Jahrhunderts gehörte sie zu den bewegenden Kräften ihrer Zeit und ist hier der Kritik am ehesten ausgesetzt. Vor der liebenden Gattin und Mutter hat es eine kritische Haltung viel schwerer. Dazu kommt, daß diese beiden Bereiche einander ständig durchdringen, weil sie sich in der einen, einmaligen Persönlichkeit in wunderlicher Weise vermischen und eins werden. Maria Theresia fühlte sich als Mutter ihrer Soldaten, ihrer Untertanen, als Mitglied der Monarchenfamilie Europas, sie liebte ihre Kinder und war doch bereit, deren Lebensglück für politische Rücksichten, zum Wohle und zur Vermehrung des habsburgischen Reiches aufzuopfern. Das Schicksal ihres Sohnes Joseph hat sie damit in tragischer Weise beeinflußt.

Gattin, Mutter und Herrscherin sind bei Maria Theresia eins geworden. Nur so kann man sie verstehen, in ihren vielen Lichtseiten und auch in den Schatten ihres Bildes. Dazu kommt noch eine tiefe Gläubigkeit, ein grenzenloses Gottvertrauen, das alle ihre politischen Handlungen bestimmt, und sehr feste Vorstellungen von den Normen der Sittlichkeit im menschlichen Zusammenleben. Am tiefsten kränkt sie, wenn sie hintergangen wird, anderseits ist ihre Vertragstreue bekannt und ihre Dankbarkeit für erwiesene Wohltaten grenzenlos.

Mit diesen fest eingewurzelten Eigenschaften geht Maria Theresia ihren Weg durch die skrupellose Politik des achtzehnten Jahrhunderts; wie der reine Tor

Parzival verfängt sie sich immer wieder in dem Lügengespinst der Diplomatie. Friedrich II. faßte einmal mit der ihm eigenen Treffsicherheit die Maximen dynastisch-imperialistischer Politik zusammen, denen nicht nur er, sondern auch die anderen gekrönten Häupter seiner Zeit huldigten. Er sagte: „Kann ich etwas gewinnen als rechtschaffener Mann, so will ich es tun; ist es nötig, zu betrügen, so will ich auch als Schurke handeln." So hielten sie es alle von Madrid bis Paris, von Berlin bis Sankt Petersburg. Der Kuchen Europa wurde zwischen diesen wenigen Familien immer wieder neu aufgeteilt, zwischen Herrschern, die ihre Länder als eine Art von Privatbesitz ansahen. Es kam zu einer echten Katastrophe für die beteiligten Völker, wenn eine dieser Linien ausstarb und die vergilbten Erbverträge – echte und falsche – aus alten Schubladen gezogen wurden, bis dann die einander entgegengesetzten Ansprüche oft nur durch einen ungehemmten Länderschacher wieder befriedigt wurden oder ein blutiger und Jahre hindurch dauernder Krieg daraus entstand. Die Zeche mußten die Untertanen bezahlen.

Noch ein Jahrhundert früher war man bemüht, diese Kriege als religiöse Auseinandersetzungen zu tarnen. Jetzt sind es reine, skrupellose Machtkämpfe. Die Völker werden nie gefragt. Sie verharren unbewegt und nehmen ihr hartes Schicksal auf sich, das ihnen die Großen bereiten, stumme Opfer ihrer eigenen politischen Unmündigkeit. Aufstände gibt es selten, meist nur ein unwirksames Murren, wie das der Bayern gegen die Habsburgerherrschaft. Besondere Apparaturen politischer Unterdrückung sind daher nicht notwendig, Flugzettel mit spitzen Versen sind ungefährlich, Dichter vom Rang Voltaires genießen Narrenfreiheit. Alles das ist nicht imstande, die Verteilung der politischen Gewichte zu ändern. Da und dort ist man so modern, die Pressefreiheit zu gewähren oder andere Maßnahmen eines humanitären Liberalismus zu setzen, die im kommenden Jahrhundert als zu fortschrittlich vorübergehend sogar wieder aufgehoben werden. Aber dazwischen liegt immerhin die Französische Revolution, dieser erste Ausbruch der gequälten Massen, von denen sich dann wieder nur einige wenige, am Schluß nur einer, emportragen lassen, um die gleichen Massen wieder zu hintergehen. Wie so oft in der Geschichte, steht auch hier am Anfang wie am Ende der Betrug.

In das Lügengeflecht der Kabinettspolitik mischt sich ein Immoralismus, der zum ersten Mal im Zeichen der Aufklärung bewußt vom Christentum abrückt. Das Vernunftzeitalter sucht unter Beweis zu stellen, daß man auch ohne die Kirche moralisch sein kann, der Herrscher versucht sich als erster Diener und Wohltäter seines Volkes – und untergräbt damit den Boden der Kirche. Gleichzeitig schickt er seine Werber auf die Landstraßen, um durch brutalen Menschenraub sein Heer aufzufüllen. Am besten wußte Friedrich II. alle diese Widersprüche in sich zu vereinen.

So sieht das politische Leben dieses Jahrhunderts aus, in das Maria Theresia hineingeboren wird. Ihre Rolle darin mußte tragisch sein, sie wurde eine endlose Kette von Kompromissen zwischen den Interessen des Habsburgerreiches und ihren eigenen Prinzipien. Immer wieder hatte sie unter Seelen- und Gewissenskämpfen zu leiden, wahrscheinlich viel mehr, als ihre Briefe und Denkschriften offenbaren. Erschwert wurde ihr das alles noch durch ihre Neigung, bis zuletzt die Zügel nicht aus der Hand zu geben. So rieb sie sich in Konflikten auf, vor allem in dem letzten, schmerzlichsten mit ihrem Sohn. Am Ende wurde auch sie, deren Wollen und Auftreten so makellos war, von ihrer Zeit befleckt, wie alle, die durch den Schlamm der Geschichte hindurch müssen. Aber eines konnte sie von sich sagen: daß sie alles dazu tat, um das Unrecht ihrer Zeit zu vermindern.

Erster Teil

Erstes Kapitel

Das Haus Habsburg

Zwei Menschenalter sind erst seit dem Ende des Dreißigjährigen Krieges vergangen, der Deutschland und Europa wie nie vorher verwüstete, aber noch immer gibt es religiöse Verfolgungen, Menschen werden um ihres Glaubens willen von Haus und Hof getrieben, wie in Salzburg, werden zurückgesetzt, erniedrigt, um ihre Existenz gebracht. Noch immer stehen in Deutschland – freilich da und dort zaghaft um Brükken des Verstehens bemüht – zwei christliche Religionen einander gegenüber.

Immerhin hat eine neue Zeit begonnen, für die der Religionsstreit weniger wichtig wird, die den Begriff des Ketzers nicht mehr mit schreckenerregenden Vorstellungen lodernder Scheiterhaufen verbindet. Dennoch ist ein Vorkommnis aus jener Zeit, das sich am braunschweigischen Hof abspielt, kaum glaublich. Dort bemühen sich zwei Männer, gelehrte Theologen, um eine fünfzehnjährige Prinzessin protestantischen Glaubens, Elisabeth Christine, um sie durch Überredung und theologisch fundierte Argumente katholisch zu machen. Es ist geradezu selbstverständlich, daß einer dieser Theologen ein Jesuitenpater ist, Wolfgang Plöckner aus Wien. Grotesk aber ist, daß der zweite der im Sinne einer Rekatholisierung wirkenden Theologen ein prominenter Protestant ist, der Theologieprofessor Fabricius von der Universität Helmstedt.

Beide beschäftigen sich also mit vereinten Kräften mit einer sehr hartnäckigen Prinzessin, die von ihrem protestantischen Glauben nicht lassen will und ihn mit für ihr Alter erstaunlichen Argumenten verteidigt – wahrlich ein Streitgespräch, das man bisher in Deutschland nicht erlebt hatte.

Und warum geschieht dies alles? Warum muß die junge Prinzessin in Glaubens- und Gewissensnot gestürzt werden? Nur deswegen, weil man für sie eine glänzende Partie in Aussicht hat: die Hand des Königs von Spanien, des Habsburgers Karl, der nur eine katholische Prinzessin zur Königin von Spanien machen kann.

Sie haben kein leichtes Spiel mit dieser Prinzessin, die ebenso charakterfest ist wie geistig rege – eine Eigenschaft, die sie noch ihrer berühmten Tochter weitergeben wird. Aber am Ende gelingt es doch. Die einträchtigen Bemühungen der beiden in Glaubensdingen so verschiedenen Mentoren haben Erfolg. Sie lassen eine überzeugte und für ihr ganzes Leben tiefreligiöse Katholikin zurück.

Die also vorbereitete Prinzessin wird nun in einem feierlichen Zug nach Wien geleitet. Es wird ein Triumphzug, den sie der Wirkung ihrer Persönlichkeit verdankt: Bescheidenheit, Charme, Grazie, verbunden mit außerordentlicher Schönheit – auch hier wird ihr die Tochter in nichts nachstehen. Die Wiener können sie bewundern, als sie am 23. Januar 1708 in der Kirche von Hietzing mit dem spanischen König, der in seinem Land weilt und vertreten wird, den Ehebund schließt.

Im darauffolgenden Sommer kann sich König Karl, der sie bisher nur aus Bildnissen kannte, von ihrer Schönheit überzeugen. Lakonisch notiert er in seinem Tagebuch: „Königin sehr schön, gar content" und wenige Tage später: „Königin Nacht gar lieb". In gleichzeitigen Briefen ist der von seiner jungen Frau begeisterte Ehegemahl wortreicher.

Dieser Karl, der spätere Kaiser Karl VI., der sich damals gerade mit Mühe auf dem spanischen Thron behauptet, ist ganz seinem Vater Leopold I. nachgeraten: bedächtig, überlegt in allen seinen Handlungen, nicht ohne Temperament und Humor, das alles aber gezügelt durch die Selbstdisziplin des gekrönten Hauptes, durch die Maske der Unnahbarkeit einer unpersönlichen Majestät, in der ihn die meisten seiner Zeitgenossen erleben. Sie tadeln seine Undurchsichtigkeit an ihm, seine Zurückhaltung und sein Unvermögen, jemandem sein volles Vertrauen zu schenken. Gerade darin ist seine Tochter Maria Theresia ihm nicht nachgeraten. Seine Maxime war Selbstbeherrschung und Unterdrückung jeder Gemütsbewegung. Er war darum auch nicht leicht aus der Fassung zu bringen. Nur einmal verlor er jede Haltung und geriet außer sich, als er bei der Jagd seinen Oberstallmeister versehentlich in den Unterleib schoß und dann bei dessen zwölfstündigem Todeskampf nicht von seinem Lager wich.

Unter der Maske der Würde verbarg Karl VI. ein weiches Herz. Darum vermochte er ganz in der Familie aufzugehen. Hier, im privaten Kreis, war er gelöst, liebenswürdig und freundlich, besonders bei der Hingabe an die einzige Leidenschaft seines Lebens: die Musik.

Als Herrscher entwickelte er oft ein Übermaß an Überlegungen, die seine Entschlußkraft lähmten, ihn wichtige Entscheidungen hinausschieben ließen oder gar Entschlüsse vereitelten.

Wenn er aber in irgendein Projekt verliebt war, wenn er einen Plan entworfen hatte, dann hielt er mit Leidenschaft unbeirrbar daran fest, blind für die Realitäten der Politik. Hier war er also eher ein Träumer als ein Realpolitiker, der Wagnisse einging, gegebene Möglichkeiten im schnellen Entschluß ausnutzte. Wir beobachten dies besonders bei seinem Unglücksprojekt der Pragmatischen Sanktion, von der noch die Rede sein wird.

Durch den unerwarteten Tod seines Bruders, Kaiser Josephs I., im Jahre 1711 wurde Karl aus Spanien, wo er mitten im Kampf gegen den Bourbonenkönig

Philipp V. um sein spanisches Erbe stand, nach Deutschland zurückgerufen. Elisabeth Christine, die ihn begleitet hatte, ließ er in Barcelona zurück. Karl hatte ihr das Amt der Regentin übertragen, und die Zwanzigjährige lebte sich mit Umsicht und Klugheit in ihre erste Herrscherrolle ein. Sie verblüffte die schwierig zu behandelnden katalanischen Stände durch die Sicherheit ihres Auftretens, wobei sie innerlich unter Heimweh und unter der Trennung von ihrem Gemahl litt.

Zwei Jahre mußte sie jedoch in Barcelona ausharren, weil sich Karl nicht zu dem Entschluß durchringen konnte, das schon verlorene spanische Erbe endlich aufzugeben. Erst im März 1713 rief er Elisabeth Christine zurück und konnte sie im Juli dieses Jahres in Linz in seine Arme schließen.

Es folgt eine stille Zeit in Wien, getrübt durch die wachsende Sorge, die der gesamten Familie durch die ausbleibende Nachkommenschaft bereitet wurde. Schon jetzt beginnt diese Sorge um das Fortleben der Dynastie auf Karl zu lasten; sie sollte allmählich in sehr unglücklicher Weise seine gesamte Politik bestimmen.

Zunächst hatte Karl VI. Bestimmungen getroffen, die für den Fall eines fehlenden Sohnes seine Töchter zur Nachfolge berechtigten, und falls er überhaupt kinderlos bleiben sollte, bestimmte er die Töchter Josephs I. und Leopolds als Thronerben. Noch konnte er aber auf eigene Kinder hoffen.

Endlich, nach achtjähriger Ehe, gebar Elisabeth Christine den ersehnten Thronfolger, der den Namen Leopold erhielt. Aber schon nach sechs Monaten wurde ihr dieses allzu schwache Kind durch den Tod entrissen. In den nächsten Jahren setzte sie noch drei Töchter in die Welt, darunter als älteste Maria Theresia, aber die Hoffnung auf männliche Nachkommen ging nicht in Erfüllung.

Zweites Kapitel

Glückliche Jugend

Noch aber ist es nicht soweit, die Hoffnung auf einen männlichen Erben aufzugeben, noch sieht Karl in der am 13. Mai 1717 geborenen Maria Theresia nicht eine Thronerbin. Das fröhliche, lebhafte Kind wurde zusammen mit ihrer jüngeren Schwester keineswegs für spätere Regierungsgeschäfte erzogen, sondern wie sonst habsburgische Prinzessinnen nur im Notwendigsten unterrichtet. Sie wurden von Staatsgeschäften ebenso ferngehalten wie von Feierlichkeiten und Hoffestlichkeiten, bei denen der Vater als Herrscher repräsentierte. Dabei ist das fröhliche und aufgeweckte Kind erlebnishungrig und versessen auf Gesellschaften und Feste – sie zeigt jetzt schon Ansätze zu jener lebenslustigen Art, die sie einen Großteil ihres Lebens hindurch begleiten wird.

Darf sie aber irgendwo dabei sein, so reagiert sie mit einer impulsiven Begeisterung, wie bei der Fronleichnamsprozession in Wien. Ihr durfte das Kind vom Balkon eines Hauses zusehen. Als sie nun den Vater, streng nach dem spanischen Hofzeremoniell, im Prunkgewand unten vorüberschreiten sah, erkannte sie ihn zuerst nicht. Dann aber, als sie sein Gesicht sah, hielt sie ihre Begeisterung nicht zurück und rief laut zu dem feierlichen Aufzug hinunter: „Komm her, Papa, und laß dich ein bissel anschau'n!"

Der Unterricht, den Maria Theresia genoß, war in den Sprachen recht gründlich. Zwar wurde die deutsche Muttersprache ziemlich vernachlässigt, so daß Maria Theresia nie den orthographisch richtigen Gebrauch der Schriftsprache erlernte. Desto besser waren aber die Kenntnisse in Französisch, die ihr beigebracht wurden. Sie hat diese Sprache zeit ihres Lebens schriftlich und mündlich korrekt und gewandt beherrscht. Daneben lernte sie noch Latein – die Staatssprache Ungarns –, Italienisch und etwas Spanisch. Im Umgang mit ihrem Mann und ihren Kindern hat sie später ein stark im Wiener Dialekt gehaltenes Deutsch gebraucht. In späteren Jahren hat sie ihre Kenntnisse im Italienischen vervollkommnet, wohl in erster Linie aus Interesse für die italienische Oper.

Dieses Interesse wurde durch den musikliebenden Vater schon in der Kindheit geweckt und gefördert. Wie kaum eine habsburgische Prinzessin hat Maria Theresia von ersten Kräften eine gründliche musikalische Ausbildung erhalten. Dabei kam sie nicht mit Bach oder Händel, sondern nur mit italienischer Musik in Berührung, lernte italienische Arien mit eigener Klavierbegleitung singen oder trat schon als Kind in einem Musikdrama auf, das der Vater dirigierte.

Auch die Dichtkunst wurde ihr nur im italienischen Gewand vermittelt. Der Hofdichter und Opernkomponist Pietro Metastasio, gebürtig aus Rom, den Karl VI. 1729 fest engagierte, schrieb am Wiener Hof Gelegenheitsdichtungen für Festlichkeiten. Er wurde später zum Textdichter Mozarts und Haydns, begleitete Maria Theresias Leben am Wiener Hof, überlebte sie um zwei Jahre und starb 1782 mit vierundachtzig Jahren, in einer Zeit, da die werdende deutsche Literatur seiner italienischen Musiktextproduktion längst den Rang abgelaufen hatte.

Neben Metastasio lernte Maria Theresia wohl schon in der Jugend Werke französischer Dichter kennen: Bossuet, Fénelon, Racine und vor allem Molière, dessen Stücke sie auch später oft gesehen hat. Für die Lektüre blieb wohl nur in der Jugend Zeit.

Eine Erzieherin Maria Theresias, die Gräfin Charlotte Fuchs, von dem Kind zärtlich „Mami" genannt, wird wegen ihres reifen Verstandes und ihrer angenehmen Lebensart besonders gerühmt. Der Kaiser schätzt sie als geistreiche Konversationspartnerin, und auch Maria Theresias Gemahl Franz hat sie gern gemocht, vor allem deswegen, weil sie es gewesen war, die diesen Ehebund protegiert und gegen allerlei Hofintrigen verteidigt hatte. Maria Theresia hat ihr deshalb sogar postum die Ehre erwiesen, die sonst keinem Sterblichen zuteil wurde: sie ließ ihre geliebte Erzieherin in der Kapuzinergruft neben den Sarkophagen des kaiserlichen Paares beisetzen. Hier ruht sie seither als einzige an dieser Begräbnisstätte, die nicht zur Familie der Habsburger gehört.

Schon 1723 stieß zu dem geselligen Kreis des Hofes, in dem Maria Theresia und ihre Schwester Anna die Jugend repräsentierten, ein fünfzehnjähriger Knabe, Franz Stephan von Lothringen, Sohn Herzog Leopolds von Lothringen, dessen Mutter eine habsburgische Prinzessin war.

Franz Stephan war von keinem geringeren als dem Prinzen Eugen von Savoyen für seine Rolle bei Hof und den Umgang mit dem Kaiser präpariert worden. So heißt es in seinen Anweisungen für den Jüngling: „Es ist nötig, daß der Erbprinz in respektvoller Haltung vor dem Kaiser verharrt, daß er seine Lebhaftigkeit zügelt und nur spricht, wenn ihm der Kaiser dazu Gelegenheit gibt, daß er alle Vertraulichkeit im Gespräch vermeidet, den Kaiser nie unterbricht und, soweit er es kann, deutsch redet. Bei der Kaiserin kann er sich etwas lebhafter benehmen, aber nicht ohne Reserve."

Der junge Prinz war nicht nur ein gelehriger Schüler, sondern brachte auch von sich aus vieles mit, das ihn in seiner Umgebung angenehm machte. Er war von schöner Erscheinung und von gewinnendem Wesen, ja einer geradezu einschmeichelnden Liebenswürdigkeit. Dazu kam ein sehr bescheidenes Auftreten. So geschah es, daß sich dieser Prinz am Wiener Hof bald alle Herzen wie im Sturm eroberte.

„Ich kann Eurer Liebden zu Dero billigem väterlichen Trost versichern", schreibt der Kaiser an Franz Stephans Vater Herzog Leopold, „daß dieser Herr recht wunderlich für so zarte Jahre vollkommen ist, in allem gescheit, manierlich, und mit einem Wort so, daß Euer Liebden Gott darum danken können und man wohl sieht, daß er unter Herrn Vaters steten Augen und Obsorge erzogen worden ist. Ich kann auch Euer Liebden versichern, daß er bei allen Leuten beliebt und bewundert ist."

Der Kaiser sah den Prinzen gern und nahm ihn ständig auf seine Jagden mit, etwa nach Laxenburg zur Reiherbeize. Er sah in dem liebenswürdigen und zurückhaltend taktvollen Jüngling den Sohn, der ihm vom Schicksal versagt worden war, er kümmerte sich bald um seine Erziehung, die nun auch gewisse Schattenseiten an Franz Stephan offenbarte. Seine Lateinkenntnisse waren recht schwach, die deutsche Rechtschreibung ebenso – er hat sie zeit seines Lebens nie recht erlernt, und Maria Theresia hat ihm darin nichts voraus. Dagegen war seine Leidenschaft für die Jagd genauso heftig wie die des Kaisers. Das allein war schon ein Grund für Karl VI., über die anderen Fehler hinwegzusehen. Er hatte auch sehr früh die Verbindung mit seiner älteren Tochter im Auge, allerdings unter der Voraussetzung, daß Maria Theresia nicht Thronerbin werden würde, sondern eine Erzherzogin blieb. So ist der Kaiser gegenüber der lothringischen Verwandtschaft einstweilen in Heiratsplänen zurückhaltend.

Tatsächlich gibt es auch schon 1726 einen Vertrag mit den ehemals verbündeten Bourbonen, in dem sich Karl VI. verpflichtete, zwei seiner Töchter mit den Söhnen König Philipps von Bourbon – seinem früheren Konkurrenten auf den Thron Spaniens – zu vermählen.

Daneben wurde ein zweiter Heiratsplan ins Gespräch gebracht: die Verbindung zwischen Maria

Theresia und dem um zehn Jahre jüngeren bayrischen Kurprinzen Maximilian Joseph von Bayern. Der besonders von Prinz Eugen geförderte Plan hätte dem Habsburgerreich eine Vermehrung um Bayern gebracht. Der Kaiser verhielt sich also zurückhaltend, als Franz Stephan 1729 nach dem Tode seines Vaters die Regierung in Lothringen antrat.

Dabei muß man bedenken, daß bei der zwölfjährigen Maria Theresia zu diesem Zeitpunkt von Liebe nicht die Rede sein konnte. Franz Stephan war der Liebling des Wiener Hofes, das Kind Maria Theresia hat ihn wohl gern gesehen und vielleicht, ihrem Alter angepaßt, angeschwärmt, mehr nicht. Für diese drei Jahre, die Franz Stephan vom Wiener Hof wegblieb, kann man nicht annehmen, daß Maria Theresia unter einer Trennung besonders gelitten hätte.

Im Mai 1732 ist Franz Stephan wieder zu kurzem Aufenthalt in Wien. Hier überträgt ihm der Kaiser das Amt des Statthalters in Ungarn, mit dem Regierungssitz in Preßburg. Franz Stephan nimmt die neue Stellung nach anfänglichen Bedenken – das Land ist ihm ganz fremd – an und widmet sich bald mit großem Geschick und Takt seiner neuen Aufgabe. Das herzliche Verhältnis des Kaisers zu ihm bleibt nach wie vor bestehen. Wir haben Briefe, in denen Franz Stephan vom Kaiser als „Engel" und „liebster Sohn" angeschrieben wird.

Im folgenden Jahre brach ein Krieg um die polnische Thronfolge aus, der für den Kaiser sehr ungünstig ausging. Er mußte sich von Neapel und Sizilien trennen, darüber hinaus drohte eine Abtretung Lothringens an Frankreich. Franz Stephan wäre dadurch länderlos geworden. Eine Vermählung der Erbtochter Habsburgs war aber nur mit einem Fürsten möglich, der im Reich wenigstens eine in Besitz gründende Bedeutung hatte, etwa in der Größenordnung Preußens oder Bayerns. Die Wahrscheinlichkeit einer Verbindung rückte also in immer größere Ferne.

Gerade in diesem Jahr aber war es offenbar geworden, daß Maria Theresia dem jungen Lothringer nicht mehr gleichgültig gegenüberstand. Nach dem Stand der Dinge mußte es aber so kommen, daß den politischen Interessen die des Herzens geopfert wurden.

Karl VI. stand vor einer schweren Entscheidung. Er liebte seine Tochter so herzlich wie Franz Stephan, der für ihn eine Art Sohn war. Dabei sprach für die Verbindung Maria Theresias mit Franz Stephan außer diesen persönlichen Bindungen nur der eine Gesichtspunkt: daß das vom Aussterben bedrohte Haus Habsburg bei einer Verbindung mit einem anderen großen Herrscherhaus, etwa den Bourbonen oder den Wittelsbachern, in diesem aufgegangen wäre und nicht einmal der Name „Habsburg" über die Zeiten hinweg hätte gerettet werden können. Bei einer Vereinigung mit einem kleinen Haus aber konnte der Name bestehenbleiben.

Der Kaiser überlegte. Wie es seine bedächtige Art war, schob er den Entschluß noch hinaus. Die Liebenden sahen einander in dieser Zeit oft, in Wien, Laxenburg, Wiener Neustadt. Die „Mami" Fuchs begünstigte solche offenen oder gar heimlichen Zusammenkünfte. Bei einer derselben sollen die beiden in einem Gartenhaus des Schloßparks von Wiener Neustadt einander das Jawort gegeben haben.

Noch immer aber scheint dieser Liebesromanze nicht das Happy-End zu folgen, das den jungen Paaren in Fürstenhäusern der damaligen Zeit in der Regel nicht gegönnt wurde. War es doch hier immer nur die Politik, in deren Konstellationen die Ehen eingebaut wurden, ohne daß man nach Liebe gefragt hätte. Und die Politik verlangte ihren Tribut. Folgte Franz Stephan der Stimme seines Herzens, so mußte er ein Opfer bringen. Denn im Zuge der Verhandlungen um den Präliminarfrieden mit Frankreich ergab sich die Notwendigkeit einer Abtretung Lothringens. Sie wurde von Franz Stephan verlangt für den Fall, daß er sich mit dem Haus Österreich verbinden sollte. Im Interesse der österreichischen Regierung lag es aber, diesen Verzicht zu erreichen.

Johann Christoph Bartenstein, der politische Ratgeber des Kaisers, der die neue Bündnispolitik mit Frankreich gegen den nächsten und drängendsten Gegner Österreichs, Preußen, vorbereitete, verlangte radikal und in der nicht verbürgten Formel von Franz Stephan: „Keine Abtretung, keine Erzherzogin." Dieser Störer von Maria Theresias Liebesglück wurde später in ihren ersten Regierungsjahren ein kluger Ratgeber der jungen Kaiserin, bis ihn Kaunitz ablöste.

Franz Stephan wurde also mit voller Absicht in einen Gewissenskonflikt getrieben. Schon schien alles zu scheitern, denn es war noch immer nicht sicher, daß Franz Stephan bei einem Verzicht auf Lothringen die Hand Maria Theresias erhielt. Anderseits wäre eine Weigerung, sein Stammland fahren zu lassen, vielleicht ohne jede praktische Bedeutung: Franz Stephan ginge es so oder so verloren. Mit Schande aus Lothringen verjagt zu werden, das wäre noch bitterer für ihn. Franz Stephan war außerdem seiner Natur nach nicht dazu angetan, heroisch um ein rechtmäßiges Erbe zu kämpfen.

Dieser liebenswürdige junge Mann war kein Held und fügte sich dem Wunsch des Kaisers. Und der Kaiser griff ein. Sein Liebling durfte kein Opfer der Politik werden. Ohne jede Bedingung gab er die Zustimmung zur Ehe. Damit war jedes Hindernis einer glücklichen Vereinigung des Paares beseitigt.

Am 31. Januar 1736 wirbt Franz Stephan genau nach den Vorschriften des spanischen Hofzeremoniells um die geliebte Erzherzogin. Von seinem Hofstaat und Edelpagen begleitet, begibt er sich in die Burg, um die kaiserlichen Eltern der Braut um ihre Hand zu bitten. Sie haben damals noch immer nicht gänzlich die Hoffnung auf einen männlichen Thronerben aufgegeben. Der Kaiser ist zweiundfünfzig, die Kaiserin bald vierzig Jahre alt und kränklich. Aber es ist noch immer möglich, in Maria Theresia eine der Prinzessinnen des kaiserlichen Hauses und nicht die Thronerbin und spätere Regentin zu sehen, die sich also noch nichts vergibt, wenn sie einem landlosen Fürsten aus altem Geschlecht die Hand zum Ehebund reicht. Ihr Schicksal als einer der Töchter des Kaisers ist um dieser Eventualität willen noch überschaubar. Als älteste Schwester des künftigen Kronprinzen und Bruders wird sie im Falle des Todes der Eltern allerhöchstens die Vormundschaft führen.

Zwischen dem nach der Zeremonie nach Preßburg zurückgekehrten Bräutigam und der Braut entspinnt sich ein reizvoller Briefwechsel, in dem die Sprache der Herzen den zeremoniellen Stil immer wieder durchbricht. Franz Stephan schreibt der geliebten Maria Theresia, immer in seiner merkwürdigen Orthographie, deren genaue Wiedergabe seine Mitteilung unverständlich machen würde, es käme ihm nichts härter an, als daß ihm nicht erlaubt sei, „sich selbst zu Dero Füßen zu legen". Dann fügt er hinzu: „Ist wohl gut das nicht lange ist." Die Tage seien ihm unerträglich, da er sie nicht sehen kann, aber er ist doch glücklich „für die Gnad seine Zeilen so güthigst beantwortet zu sehen".

Natürlich erwidert die Braut: „Was man gern tut, macht keine Ungelegenheit." Dann wünscht sie gute Reise und gutes Wetter und hofft, daß diese Reise die letzte sein wird, „die Euer Liebden ohne Ihre so ergebene Braut machen werden". Immer wieder aus dem Zeremonienstil fallend, gibt sie so eine wunderliche Mischung aus Wienerisch, Französisch, Italienisch und Latein in diesem kuriosen Brief von sich, in dem zum ersten Mal der Mensch in Maria Theresia, die liebende und alle höfischen Formen durchbrechende Frau sichtbar wird. In der Anrede des Durchlauchtigsten Herzogs hält sie noch ganz an der höfischen Form fest, ebenso in der Unterschrift als „Sponsa dilectissima". Dazwischen aber läßt sie ohne Hemmung ihr Herz sprechen und gesteht dem Bräutigam, sie sei so unruhig gewesen, als sie seine Zeilen erwartete, wie ein armes Hündchen. Dann schreibt sie französisch: „Lieben Sie mich ein bißchen" und schließt dann in zärtlichem Wienerisch: „Adieu mäusl" – und wieder französisch: „Ich umarme Sie vom ganzen Herzen."

Noch ein letztes Hindernis ist zu überwinden: Maria Theresia muß die Erklärung abgeben, daß sie auf alle Erbrechte im Hause Österreich verzichte, falls dem Kaiser ein männlicher Nachkomme geboren werden sollte. Leichten Herzens gibt Maria Theresia ihre Unterschrift. Sie macht in der Größenordnung der Politik wahrlich keine gute Partie, aber sie folgt dem Zug ihres Herzens.

Drittes Kapitel

Die liebende Gattin

Eine schlichte Erzherzogin von Österreich ist es, die Franz Stephan, nur mehr dem Titel nach Herzog von Lothringen, am 12. Februar 1736 zum Traualtar führt.

Die Hochzeit wird für sechs Uhr abends in der Augustinerkirche zu Wien festgesetzt. Es ist noch Fasching. Die schaulustigen Wiener bekommen kaum etwas zu sehen, als sich die Brauteltern und die Witwe Kaiser Josephs I., Wilhelmine Amalie, mit Maria Theresia von der Burg zur Kirche begeben. Den Bräutigam begleiten Angehörige seines Hofstaates im Exil. Der Weg führt innerhalb der Burg zur Augustiner-Hofkirche, wo der päpstliche Nuntius das Paar zusammengibt.

Eine Liebesheirat kam in jenem Haus Österreich zustande, das für seine Heiratspolitik berühmt war – Tu felix Austria nube – und durch sie groß geworden ist. Diese Heirat aber brachte nichts ein, weniger als nichts: eine glückliche Erzherzogin.

Sie hat auf ihrer Hochzeitsreise, welche die beiden in den Wallfahrtsort Mariazell führte, vor dem Gnadenbild der wundertätigen Himmelskönigin Gott für dieses Glück gedankt.

Im Alter von achtzehn Jahren beginnt sie diesen neuen Abschnitt ihres Lebens, ohne zu wissen, wohin er sie führen wird. Auch der jetzt im siebenundzwanzigsten Jahr stehende Franz Stephan ahnt nicht, daß er durch diese Verbindung zur höchsten Würde aufsteigen wird, die das Abendland zu vergeben hat: der schon etwas belächelten Würde des „Erwählten Römischen Kaisers Deutscher Nation".

Augenblicklich ist er ein ganz unbedeutender, länderloser Prinz, der auf alle lothringischen Herrschaftsansprüche urkundlich verzichten mußte und dem nur die reichsunmittelbare Grafschaft Falkenstein gehört. Das ist ein unhaltbarer Zustand für den Gemahl der ältesten Tochter des Kaisers, den dieser zu beheben trachtet.

So sollte noch im gleichen Jahr Franz Stephan zum Generalgouverneur der Niederlande mit den Rechten eines Landesherrn erhoben werden. Die geheime Urkunde darüber wurde aber nie in Wirklichkeit umgesetzt, vielleicht aus Furcht vor einem Einspruch Frankreichs. Es war aber der feste Wille Karls VI., Franz Stephan größere Verantwortlichkeit zu übertragen. So zog er ihn vorläufig der Ministerkonferenz bei und betraute ihn außerdem mit dem Vorsitz in seiner Abwesenheit. Dann ging er auf die Suche nach einem Land für ihn, damit Franz Stephan in den Status eines regierenden Fürsten aufstieg. Reelle Möglichkeiten ergaben sich erst, als im nächsten Jahr der letzte Medici, Giangastone, starb. Der Kaiser ernannte Franz Stephan zum Großherzog von Toskana.

Der Gemahl Maria Theresias hatte nun einen Rückhalt gegenüber dem Wiener Hof, an dem seine Lage bisher schwierig gewesen war. Doch begab er sich zunächst nicht in seine neue Hauptstadt Florenz, um selbst die Regierung auszuüben, sondern blieb in Wien. Denn dort begannen sich für ihn neue Möglichkeiten abzuzeichnen, als immer sicherer wurde, daß dem Kaiser kein männlicher Erbe mehr gegönnt war. Der Eventualfall, den das am 19. April 1713 von Karl VI. verkündete Hausgesetz, die Pragmatische Sanktion, vorgesehen hatte, war nun unausweichlich eingetreten: die weibliche Nachfolge beim Aussterben der Habsburger im Mannesstamm. Dadurch mußte Maria Theresia zur Alleinerbin der habsburgischen Länder werden, die in dem Gesetz als unteilbar erklärt wurden.

In diesem Dogma der Unteilbarkeit liegt die eigentliche Bedeutung der Pragmatischen Sanktion. Denn die locker durch einen Souverän zusammengebundenen Länder wurden nun erst zu einem eigentlichen Reich, das viel fester gefügt war als das Heilige Römische Reich Deutscher Nation. An die Stelle des schattenhaften Reliktes aus der Zeit des Mittelalters trat nun ein einheitliches Reich der Habsburger. Das größte und bedeutendste im Konzert der europäischen Nationen.

Von Tag zu Tag größer wurde in dieser Zeit die Wahrscheinlichkeit, daß Maria Theresia dieses Reich regieren würde. Eine Frau auf dem Thron war damals schon keine Sensation mehr. Hatte doch 1725 Katharina I. im Alter von dreiundzwanzig Jahren als Nachfolgerin Peters des Großen den russischen Thron bestiegen. Die Stellung Maria Theresias und Franz Stephans gewann also am Wiener Hof immer mehr an Gewicht, obwohl dies äußerlich noch nicht erkennbar war. Denn beide wurden vom Kaiser nach wie vor von entscheidenden Fragen der Politik ferngehalten.

Franz Stephan geriet dadurch in eine schiefe Lage. Er war das fünfte Rad am Wagen und wurde wahrscheinlich auch so behandelt. Doch fand er bald einen Ausweg: den eines militärischen Kommandos. Konnte in ihm nicht vielleicht ein zweiter Prinz Eugen heranwachsen? Wenn er als siegreicher Feldherr nach Wien zurückkehrte, mußten sich seine Aussichten in der Politik verbessern. Die Gelegenheit war günstig, denn eben zeichnete sich ein neuer Konflikt mit dem alten Gegner des Habsburgerreiches, der Türkei, ab.

Aber der Kaiser versagte sich seinem Schwiegersohn. Er ermöglichte ihm und seinem Bruder lediglich die Teilnahme an dem Feldzug, ohne ihm ein militärisches Kommando anzuvertrauen. So rückten die beiden nur als Freiwillige ein, bewiesen Mut und Bravour, aber sonst nichts und wurden sehr bald wieder zurückberufen. Dahinter stand wohl der Wunsch Maria Theresias, ihren Gatten bald wieder im sicheren Wien zu wissen; sie konnte sich nur sehr schwer von ihm trennen. Ihren Schmerz reagierte sie in Briefen ab, die uns allerdings von diesem Feldzug nicht erhalten sind.

Vielleicht war es auch Maria Theresia zuzuschreiben, daß der zurückgekehrte Franz Stephan nun auch ohne militärisches Kommando an das Ziel seiner Wünsche gelangte, wie es außerdem der Stellung des Gatten der präsumtiven Thronerbin entsprach: er erhielt im Dezember 1737 den Rang eines Generalleutnants und konnte auf den Oberbefehl im Feldzug des nächsten Jahres hoffen. Auf diese Weise gelangte er früher zu den Kommandostellen des Reiches als Maria Theresia.

Natürlich ging das nicht ohne Gegenstimmen ab. Man verwies darauf, daß Franz Stephan Ausländer sei, daß er mit kaum dreißig Jahren keine Erfahrungen habe und sich nirgends besonders bewährt hätte. Dennoch ließ sich der Feldzug unter seinem Oberbefehl im Juni des nächsten Jahres gut an: Franz Stephan warf die Türken über die Donau, mußte aber alsbald der türkischen Übermacht weichen und den Rückzug antreten. Dabei erkrankte er und mußte nach Wien zurück.

Dort empfing man den gescheiterten Oberbefehlshaber, der sein Ansehen verloren hatte, mit schadenfrohem Lächeln. Nur für Maria Theresia, von der es schon jetzt allgemein bekannt war, daß sie ihren Gatten fast abgöttisch liebte, gab es das alles nicht. Ihr genügte, ihn wieder daheim zu wissen, um glücklich zu sein.

Sie hatte Franz Stephan schon eine Tochter geboren und war jetzt wieder guter Hoffnung. Auch dieses zweite, im Oktober 1738 geborene Kind war zur Enttäuschung des Großvaters eine Tochter. Aber der Kaiser trug es mit Humor. Das zeigt der Streich, den er sich ausdachte, wobei er als guter Landesvater wußte, wie sehr die Wiener seine Enttäuschung teilten. Er ließ

bei einer Komödien-Aufführung hundert Tauben ins Publikum fliegen, die Spruchbänder um den Hals gebunden hatten. Auf ihnen stand:
„Das Mannsvolk bleibt nicht aus,
Wo schöne Jungfräulein.
Die Wahrheit dieses Spruchs trifft unzweifelhaft ein.
Es wird daher ein Mann als Drittes uns nach Wunsch begaben.
Jetzt konnt's nit sein. Warum? Gut Ding will Weile haben."

Was aber nicht Weile hatte, das war die sich ständig verschlechternde Stellung Franz Stephans am Wiener Hof. Noch im Winter dieses Jahres reiste er daher mit Maria Theresia nach Florenz, der Hauptstadt seines Großherzogtums. Nach einer sehr strapaziösen Fahrt durch die Winterkälte hielt Franz Stephan am 20. Januar 1739 seinen Einzug in Florenz. Vor dem Dom wurde er vom Erzbischof feierlich empfangen und dann vom Adel des Landes zum Palazzo Pitti geleitet.

Die Sympathien der Florentiner waren nicht geheuchelt, der österreichisch-lothringische Landesvater war von Anfang an genehm, und seine ersten Regierungsmaßnahmen waren klug und populär. Maria Theresia aber wirkte, ohne daß sie eine Hand für die Regierung zu rühren brauchte, allein durch den Zauber ihrer Persönlichkeit. Sie konnte sich auch später immer wieder auf diese Wirkung verlassen. Sie bestach durch Schönheit, Natürlichkeit, Anmut, durch ihre ungezwungene Fröhlichkeit. Auch ihr lebhaftes Temperament war den Italienern sympathisch.

Als das Paar Florenz nach drei Monaten verließ – es sollte die Stadt nie wieder betreten –, errichteten die Florentiner ein Bauwerk zur Erinnerung an diese glückliche Zeit, das man noch heute bewundern kann: den Triumphbogen auf der Piazza Cavour. Die auf solche Weise Geehrten bekamen ihn aber nie zu sehen. In Maria Theresias Briefen oder Äußerungen hinterließ dieser Aufenthalt keine Spuren. Man kann annehmen, daß sie sich in Florenz nicht wohl fühlte.

Aber auch für die Rückkehr nach Wien ergaben sich trübe Aussichten. Der Krieg gegen die Türkei ging weiter. Noch vierzig Jahre später erinnert sich Maria Theresia in einem Brief an ihre Tochter Maria Christine an diese Rückkehr: „Ich habe geweint vor Kummer, zurückzukehren. Sollte es doch gegen die Türken, die Pest und den Hunger ins Feld gehen." Dabei hatte sie sich unwillkürlich mit der Lage des geliebten Gatten identifiziert.

Ihre Sorgen waren aber wie weggeweht, als sie von einer neuen Entscheidung des Kaisers erfuhr, die Franz Stephan seinerseits wohl mit gemischten Gefühlen aufgenommen hat. Er wurde von seinem Kommando abberufen. Der Grund lag darin, daß Karl VI. den Krieg, an dessen Erfolg er nicht mehr glaubte, beenden wollte. Er traf sich in diesem Wunsch mit seinem russischen Verbündeten. Überstürzt wurde Frieden geschlossen und alles das wieder preisgegeben, was Prinz Eugen der Monarchie einst gewonnen hatte, vor allem Belgrad. Den Ruin seines Lebenswerkes mitanzusehen blieb dem großen Feldherrn gnädig erspart. Prinz Eugen war seit drei Jahren tot.

In die allgemeine Mißstimmung, die dadurch ausgelöst wurde, platzte die Nachricht von einer neuen Niederkunft Maria Theresias. Auch sie erfüllte die sehnlichen Wünsche des Großvaters nicht. Wieder erblickte ein Mädchen das Licht der Welt. Auch das trug zur Steigerung dieser Mißstimmung bei, die allmählich zu einer gezielten Hetze gegen das junge Paar und den Kaiser wurde, wobei Franz Stephan die Hauptlast zu tragen hatte.

Dem Vater und leidenschaftlichen Verfechter der Pragmatischen Sanktion warf man vor, sein Versuch, ein Weiberregiment einzuführen, werde durch diesen Fingerzeig Gottes scheitern. Natürlich wurden diese Stimmungen von den Wittelsbachern, die sich damals deutlich zu Feinden des Kaisers und seiner Erbfolgepläne entwickelten, besonders geschürt. Der Kaiser litt schwer darunter. Zu allem Überfluß starb gerade in dieser Zeit das erstgeborene Töchterchen Maria Theresias. Auch das lasteten abergläubische Gemüter der Gegenwart Franz Stephans an, der nun zum Prügelknaben des Hofes wurde.

Um das Paar wurde nahezu ein Pestkordon gezogen. Wie sehr Maria Theresia unter diesen Zuständen litt, hat sie zwanzig Jahre später in einem Brief festgehalten: „Solange der Kaiser gelebt, hat mich niemand angesehen, noch ist wer zu mir gekommen."

Irgendwo in dem riesigen Gebäudekomplex der Wiener Hofburg verloren, lebten die beiden, so gut es ging, weiter, wobei es bezeichnend ist, daß sie keinerlei Hofstaat unterhielten. Sie konnten sich das nicht leisten, denn die Apanage Maria Theresias war sehr gering, ebenso die Einkünfte ihres Gatten, soweit er sie nicht aus angeborener Knauserigkeit zurückhielt.

Es blieb die ungebrochene Freundschaft des Kaisers zum Schwiegersohn, es blieb das glückliche Familienleben, das alle genossen, auch Maria Theresia, die im Sommer des Jahres 1740 wieder guter Hoffnung war. Abermals setzte der Kaiser auf einen Sohn, aber er sollte die Erfüllung seines Herzenswunsches nicht mehr erleben. Bei einem Jagdaufenthalt in Halbturn erkrankte er schwer, vermutlich nach dem Genuß eines Pilzgerichtes, wurde sofort aus dem kaiserlichen Jagdschloß, im heutigen Burgenland, nach Wien gebracht und erreichte die Hauptstadt als Sterbender.

Mit Maria Theresia hatte er eine letzte Unterredung. Nach den Aufzeichnungen Franz Stephans darüber scheint auch jetzt nicht von Staatsgeschäften die Rede gewesen zu sein, also auch nicht von seinem politischen Testament, das er dann wenige Stunden vor seinem Tode diktierte. Eine lange Unterredung mit Franz Stephan ist uns überliefert. Dann starb der römisch-deutsche Kaiser mit einer seinem Rang entsprechenden Würde. Er soll noch bei der Letzten Ölung bemängelt haben, daß ihm als Kaiser vier Kerzen statt zwei gebührten. Am 20. Oktober 1740 war alles zu Ende.

Viertes Kapitel

Ein schwieriger Anfang

Der Gatte hat Maria Theresia die Todesbotschaft überbracht, zugleich die Botschaft vom Beginn ihres Herrscheramts, auf das sie niemand vorbereitet hat, am wenigsten ihr eigener Vater.

Eine junge, sympathische Erzherzogin, der Liebling des Volkes – aber eine Herrscherin? Der Hof ist mißtrauisch, skeptisch, man traut ihr nichts zu, am wenigsten eine Bewährung in dieser augenblicklich so ernsten Lage der Monarchie, unmittelbar nach einem verlorenen Krieg. Noch dazu könnte ihre fortgeschrittene Schwangerschaft sie entscheidungsunfähig machen.

Doch da geht in der dreiundzwanzigjährigen Maria Theresia plötzlich eine Wandlung vor sich. Ein neuer Mensch kommt zum Vorschein, den bisher noch niemand gekannt hatte. Aus der verspielten Erzherzogin und liebenden Gattin wird mit einem Male eine energische, ihrer Stellung bewußte Frau.

Wenige Stunden nach dem Tod ihres Vaters empfängt sie unter dem Thronhimmel die Minister und spricht in freier Rede zu ihnen. Sie sehen die große, gutgewachsene Frau vor sich, im Reiz ihrer Jugend. Ihr Gesicht ist von aschblonden Haaren umrahmt, die grauen Augen sind mandelförmig geschnitten, der Mund nicht klein, aber edel geformt, der Teint seiner Reinheit wegen berühmt. Die junge Herrscherin bezaubert durch ihren Anblick, durch den warmen Klang ihrer Stimme, durch ihr Wesen, in dem sich Natürlichkeit und Würde vereinen.

Sie sagt ihren Ministern nichts Überraschendes, sondern nur das, was ihr die Stunde gebietet: sie bittet sie, ihr mit derselben Treue zu dienen wie ihrem Vater, und bestätigt sie in ihren Ämtern. Sie sind alle Greise, den meisten könnte sie dem Alter nach eine Enkelin sein. Der Älteste ist mit nahezu achtzig Jahren Graf Gundacker Thomas Starhemberg, der Bruder des berühmten Verteidigers von Wien. Alle hatten sie noch das besondere Vertrauen Karls VI. besessen, namentlich Johann Christoph Freiherr von Bartenstein, Sohn eines Philosophieprofessors in Straßburg, bürgerlicher Herkunft, der bei Hof als Fremder nicht gern gesehen war und durch sein feindseliges Benehmen gegenüber Franz Stephan den Zorn der Herrscherin auf sich gezogen hatte. „Nach dem Ableben des Kaisers hielt alle Welt es für ausgemacht, daß Bartenstein in Ungnade fallen würde", bemerkte der preußische Gesandte, Otto von Podewils. „Das gegen ihn äußerst erbitterte Volk beschimpfte ihn öffentlich und bewarf ihn mit Schmutz und Steinen. Es spricht sogar manches dafür, daß er sich nicht gehalten haben würde, wenn er sich nicht unentbehrlich gemacht hätte und wenn die Widerwärtigkeiten, die die Kaiser-Königin bedrohten, sie nicht hätten erkennen lassen, daß sie einen Mann nötig haben würde, der eine genaue Kenntnis der Interessen und Angelegenheiten ihres Hauses besaß."

Weder Franz Stephan noch Maria Theresia dachten im Fall Bartenstein an Vergeltung. Für sie war einzig der Maßstab wichtig, den der Kaiser an diese Persönlichkeit gelegt hatte. Sein wichtigster Ratgeber bleibt auch der Maria Theresias, alles geht bruchlos ineinander über. Dreizehn Jahre wird er noch sein Amt behalten und dann erst durch den genialen Kaunitz verdrängt werden. Sein Verhältnis zur Herrscherin sollte allerdings zeitweise recht problematisch werden.

Natürlich wird jetzt auch Franz Stephans Stellung aufgewertet. Doch ist es noch nicht so lange her, daß man ihn zum Sündenbock des Hofes gemacht hatte. Auch gegen ihn wendet sich das Mißtrauen, um so mehr, als man von seinem Geschick für Staatsgeschäfte bisher noch nicht allzuviel bemerken konnte. Doch die Dinge entwickeln sich, ohne daß er eine Bewährungsprobe ablegen muß. Maria Theresia hat das Heft schon in der Hand.

Sie alle sind fast betäubt durch den Schwung, mit dem Maria Theresia an ihre Aufgabe herangeht. Ohne die bei ihr sonst so bewunderte Sanftmut, mit Energie und Entschiedenheit stürzt sie sich in die Arbeit, versagt sie sich am Anfang sogar den nötigen Schlaf und die Mahlzeiten. Dabei ist sie hochschwanger, während sie sich mit größter Schnelligkeit in die Staatsgeschäfte einlebt, überall Berichte anfordert, alles persönlich entscheiden will, von Konferenz zu Konferenz jagt.

Das alles ist um so bewundernswerter, als niemand sie auf ihre Rolle vorbereitet hat. „Niemand, glaube ich, wird dem widersprechen", schreibt sie über diese Situation später, „daß nicht leicht ein Beispiel in der Geschichte zu finden ist, daß ein gekröntes Haupt unter schwereren und mißlicheren Umständen die Regierung angetreten habe als ich. Die für die Beherrschung so weitschichtiger und verteilter Länder erforderliche Erfahrung und Kenntnis konnte ich um so weniger besitzen, als meinem Herrn Vater es niemals gefällig war, zur Erledigung der auswärtigen und inneren Geschäfte mich weder beizuziehen noch zu informieren."

Viel, wenn nicht alles bedeuten ihr in dieser Situation die Berater. Aber sind sie ihrer Aufgabe gewachsen? Natürlich verläßt sie sich außer auf Bartenstein auch auf Franz Stephan, den sie am 21. November 1740 zu ihrem Mitregenten ernannt hat. Es stürmt ja so vieles auf sie ein, und sie bringt so gut wie nichts an Wissensvoraussetzungen mit. Sie muß alles blitzartig erfassen, erlernen, beurteilen können.

Die erste Gelegenheit zur Bewährung ergibt sich bei den Erbhuldigungen der Länder, die jetzt in Szene gehen. Immer wieder kann sie dabei den Zauber ihrer Persönlichkeit in die Waagschale werfen, und wenn sie ihre Wünsche vorbringt, ist es schwer, sie abzuschlagen. „Geht nur selber herein zu ihr und seht, ob man ihr etwas abschlagen kann", erzählen die Vertreter der Prälaten in den niederösterreichischen Ständen von ihr.

War es der Zauber der Persönlichkeit, der ihr Popularität von der ersten Stunde an sicherte, so war es auch nicht minder ihr Glück als Mutter.

Am 13. März 1741 gebar sie ihren ersten Sohn, den späteren Kaiser Joseph. Maria Theresia hat die schreckliche Lage, in der sie und die Monarchie sich damals befanden, in einem Brief aus dem Jahre 1777 an diesen Sohn geschildert: „Welch ein großer Tag ist der heutige für mich, der Tag, der vor sechsunddreißig Jahren alle meine Handlungen erhoben und mich nicht weniger ermutigte als der liebe Gott. Die göttliche Vorsehung wollte unserem Hause noch das Zepter belassen und schenkte mir deshalb in dem gefahrvollsten Augenblicke einen Sohn, in einem Augenblicke, in welchem ich kein Land mehr besaß, das mir nicht bestritten worden wäre, so daß ich ein Jahr später nicht wußte, wo ich meine Niederkunft abhalten sollte."

Das freudige Ereignis brachte die gefahrvolle Lage des Staates dem Volk nicht zum Bewußtsein. Ganz Wien geriet mit der Mutter in einen Freudentaumel, man zog singend und lärmend durch die Straßen, vor die Burg. Bilder, Spruchbänder, Inschriften wurden ausgehängt, schmeichelhafte Sinnsprüche auf Maria Theresias Mutterschaft gingen die Runde:

„Liebe Resel, halt dich wohl,
Mach uns öfters freudenvoll."

„Zur Gesundheit unserer Königin,
Gelts, Brüderl, sie soll leben,
Wie auch ihr Schatz, Prinz Lotharing,
Der bringt uns Prinzen z'wegen."

„Das war ein Geschrei
Heut nacht um drei,
Man hat keine Ruah.
Vivat der Bua."

Als das Wochenbett überstanden war, machte Maria Theresia eine Wagenausfahrt und ließ halten, um alle diese Spruchbänder, die sie nicht wenig erheiterten, zu studieren. Ihre Popularität bei den Wienern beglückte sie und gab ihr einen Halt in den kommenden schweren Zeiten, als sich der Himmel über Österreich immer mehr bewölkte.

Karl VI. hatte nicht nur außenpolitisch, sondern auch innenpolitisch ein Trümmerfeld hinterlassen. Die unglücklichen Kriege seiner letzten Regierungsjahre hatten die Finanzen total erschöpft. Die Kassen waren leer. Der respektlose Vers, den Friedrich II. über Karl VI. an Voltaire schrieb, traf leider ins Schwarze:

„Privatmann war er erst, und ward
Ein König, ward ein Kaiser dann;
Eugen erwarb ihm seinen Ruhm,
Doch leider ist er nun befleckt.
Er macht im Tode Bankerott."

Die Situation erforderte dringlich eine tatkräftige Regierung. Am allernötigsten waren Reformen im Heerwesen und in den Finanzen. In dieser ersten Zeit ist es Maria Theresia noch nicht in vollem Maße möglich, sich in die Regierungsmaschinerie hineinzuarbeiten. Der Einfluß Franz Stephans ist daher besonders groß, und er kann sein ganzes Geschick für die notwendigen Finanzreformen entfalten.

Es ist höchste Zeit, denn die Situation der Finanzen ist verzweifelt. „Nicht mehr als etliche tausend Gulden fanden sich in den Kassen, der in- und ausländische Kredit war erschüttert", berichtet Maria Theresia später. An eine Erhöhung der Steuereinnahmen konnte vorläufig nicht gedacht werden. Dagegen drosselte der durch seine Sparsamkeit bekannte Lothringer die Ausgaben und machte dabei auch vor denen des Hofes nicht halt.

Die Heeresreform begann mit der Enthaftung einiger Generäle, die Karl VI. nach dem unglücklichen Türkenkrieg auf die Festung geschickt hatte, um der Volkswut ein Opfer zu bringen. Unter ihnen war auch der Graf Wilhelm Reinhard Neipperg, der fortan zu einem der wichtigsten Berater Maria Theresias wurde. Die Ausrüstung des Heeres wurde verbessert und an den bedrohten Grenzen, vor allem gegen Bayern, eine Neuverteilung vorgenommen. Doch die ungeheuere Ausdehnung des Reiches machte einen solchen Grenzschutz illusorisch.

Die Bedrohung von außen wuchs von Tag zu Tag. Es zeigte sich, daß die Pragmatische Sanktion, deren Anerkennung von allen Mächten Karl VI. durch schwere Opfer erkauft hatte, sich als unwirksamer Schutz der jungen Herrscherin erwies. Lediglich England, Holland, der Papst, Venedig und Sardinien bekannten sich zur Erbfolgeregelung des Kaisers und erkannten Maria Theresia an. Ungewiß war von vornherein die Haltung der Bourbonenhöfe Paris und Madrid.

Aus Frankreich kamen zunächst schöne Worte und Beteuerungen, die aber von Kriegsvorbereitungen begleitet waren. Ludwig XV. hatte weder einen eigenen Willen noch eine eigene Meinung. Der Wechsel seiner Berater von der Friedens- zur Kriegspartei gab den Ausschlag.

Ähnliches geschah in Spanien. Hier war es die eigentliche Lenkerin der Politik, Elisabeth Farnese, die Gemahlin Philipps V., deren ältester Sohn bereits Neapel und Sizilien besaß und für den sie weitere habsburgische Besitzungen in Italien erwerben wollte. Dabei ging man außerordentlich großzügig vor und legte den Teilungs- und Erbvertrag der Brüder Karl V. und Ferdinand I. zwischen Spanien und Österreich so aus, daß er auch für die Bourbonen als Rechtsnachfolger in Spanien gelte. Die spanischen Bourbonen wollten also die gesamten habsburgischen Länder.

Doch waren die Spanier nicht die ersten, die zu den Waffen griffen, um sich eine anscheinend so leichte Beute zu holen, sondern Preußen. Von dort geht die Tragödie eines Krieges aus, der fast ein Vierteljahrhundert erfüllen sollte und Maria Theresia das verwehrte, was sie stets erhoffte: zur Friedenskaiserin zu werden.

Fünftes Kapitel

Der Kampf um das Erbe

Mit Preußen rechnete die österreichische Außenpolitik als einer bekannten Größe. Friedrich Wilhelm I. war stets ein Freund Österreichs gewesen. Dem Kaiser gegenüber wahrte er als Reichsfürst eine Art von Gefolgschaftstreue, die den Wittelsbachern und vielen anderen Reichsfürsten unbekannt war. So nahm er mit einem Kontingent der preußischen Armee an dem Krieg gegen Frankreich um die polnische Thronfolge teil, wobei sich der junge Kronprinz Friedrich die ersten militärischen Lorbeeren holte. Während dieser ein glühender Bewunderer Frankreichs und des französischen Geistes war, blieb Friedrich Wilhelm immer betont deutsch und kaiserlich. Überdies war Friedrich Wilhelm ein großer Verehrer des Prinzen Eugen, in dessen Gestalt sich Österreichs Heldenzeitalter, aber auch der Widerstandsgeist Europas gegen die türkische Gefahr verkörperte. Umgekehrt war es für den Prinzen Eugen immer ein politisches Axiom, daß man in der deutschen Politik mit Preußen zusammengehen müsse.

Friedrich Wilhelm I. ging Karl VI. nur wenige Monate in den Tod voraus. Friedrich II., sein Nachfolger, den die bis heute wirksame Legende zu Friedrich dem Großen erhob, war tatendurstig. „Jetzt ist die Zeit da, wo das alte politische System eine gänzliche Änderung erleiden muß; der Stein ist losgerissen, der auf Nebukadnezars Bild von vier Metallen rollte und sie sämtlich zermalmte", schrieb der junge König an Voltaire. Dieser warf ihm vor, „vom Kriegsteufel besessen" zu sein, und meinte, Friedrich werde erst haltmachen, wenn er einen Widerstand fände, der ihn zum Nachdenken zwinge. Es liegt eine gewisse Prophetie in dieser Meinung des großen Weisen dieses Jahrhunderts über seinen jungen königlichen Freund.

Von seinem Vater um seine Jugend gebracht, hatte diese erniedrigte und beleidigte Seele kein anderes Ziel, als für diese Behandlung an der Welt Rache zu nehmen. Friedrich wollte beweisen, was für ein Kerl er war – und lieferte den Beweis durch ein jahrelanges Blutvergießen.

Knapp nach seinem Regierungsantritt waren dem preußischen König Unterlagen über schlesische Erbansprüche in die Hand gespielt worden. Im wesentlichen handelte es sich um einen eigenhändigen Entwurf des Großen Kurfürsten zur Wiedererlangung der schlesischen Besitzungen Brandenburgs für den Fall, daß Habsburg in männlicher Linie keinen Nachfolger habe. Der Fall war eingetreten. Friedrich beschloß zu handeln. Ein schlagkräftiges Heer stand ihm zur Verfügung.

Die vorgerückte Jahreszeit – Oktober und November 1740 waren vorübergegangen – wiegte Österreich in Sicherheit. Doch Anfang Dezember mehrten sich die Beobachtungen über preußische Kriegsvorbereitungen. Am 16. Dezember marschierten Friedrichs Truppen ohne Kriegserklärung über die Grenze.

„Ich habe mit fliegenden Fahnen und klingendem Spiele den Rubikon überschritten", schrieb Friedrich II. an seinen Gesandten Podewils. „Meine Truppen sind voll guten Willens, die Offiziere voll Ehrgeiz und unsere Generäle dürsten nach Ruhm..."

Gleichzeitig erklärte er dem österreichischen Gesandten, er wolle Schlesien keineswegs als Feind Österreichs besetzen, sondern nur um alte Erbrechte geltend zu machen. Um seine freundschaftlichen Absichten zu beweisen, bot er der jungen Herrscherin zwei Millionen Gulden, den Beistand gegen die Feinde der Habsburgermonarchie und die Unterstützung Franz Stephans bei der Kaiserwahl.

In Wien durchschaute man nicht alles sofort. „Des Königs süße Worte und kräftigen Versprechungen machten sogar meine Minister irre", berichtet Maria Theresia später. „Die einen rieten zu Verhandlungen, die andern, denen ich beipflichtete, meinten, der König werde, sobald er einen Teil Schlesiens vertragsmäßig erhalten habe, das übrige als Entschädigung für die zu leistende Hilfe an sich ziehen. Und wir hatten in der Tat recht: Dem König war es um ganz Schlesien zu tun."

Man könnte hier einwenden, daß es Maria Theresia im nachhinein natürlich besser wissen mußte. Doch schon mitten in den sich anbahnenden Entwicklungen, am 19. November 1740, sieht Maria Theresia ganz klar. Sie schreibt ihrem Gesandten in London, Graf Ostein, „daß niemand weniger als Preußen zu trauen ist; wenngleich von dort aus nach dem Schein der ersten Wörter alles zum Guten anerboten wird, so wird doch jedem solchen Anerbieten die bedenkliche Klausel beigegeben, daß man dafür eine der supponierten Größe der Gefahr proportionierte werktätige Anständigkeit suchen würde, nicht undeutlich über die Übernahme eines Stückes unserer Erblanden abzielend. Man äußert sich auf solche Art im Namen besagten Hofes, als ob es ohne dessen Beistand um unser Haus getan wäre und wir gleichsam froh sein müßten, durch den Verlust eines ansehenlichen Stückes den Überrest zu retten."

Demgemäß heißt es in einem Konferenzprotokoll vom 23. November, daß man eher von Preußen als von Frankreich eine Feindseligkeit erwarten müsse und daß sich Preußen nicht anders als durch solche Mittel gewinnen lasse, die zu einer Schmälerung der Erblande führen.

In ihrem Instinkt hatte Maria Theresia trotz aller politischen Unerfahrenheit das Richtige getroffen. Der fortschreitende Einmarsch der preußischen Truppen in Schlesien bestätigte alle düsteren Ahnungen. Zwar stellte Friedrich, während seine Truppen zügig Niederschlesien besetzten, noch immer alles so dar, als wollte er der jungen österreichischen Herrscherin bei der Verteidigung ihres Besitzes gegen Bayern, Sachsen und Frankreich helfen und als besetzte er Schlesien sozusagen als Schutzherr. Das alles war jedoch Tarnung. Im geheimen stand dahinter die Hoffnung, größere Entwicklungen in Gang zu setzen, den Weiterbestand der habsburgischen Großmacht in Frage zu stellen. Für Maria Theresia begann der Kampf um die nackte Existenz.

Der Gewaltstreich des preußischen Königs düpierte die Welt. „Der Mann ist verrückt", erklärte Ludwig XV. Er irrte.

Maria Theresias erste Reaktion, als sie von der fortschreitenden Besetzung Schlesiens durch Friedrich hört, ist Zorn und flammende Entrüstung. Zudem hat sie augenblicklich nur wenige Truppen in Böhmen stehen. In diesen Tagen schon wird der Grund gelegt für ihr ressentimentbeladenes Verhältnis zum Preußenkönig, diesem „bösen Tier" und „Ungeheuer", diesem „Despoten vom Theater". Über ihr ganzes Leben wird er seinen Schatten werfen.

Entsprechend scharf ist auch die Reaktion Maria Theresias gegenüber dem preußischen Gesandten Gotter, der in Wien den Standpunkt seines Herrn vertritt, Schlesien solle für ihn ein Faustpfand für eine effektive Hilfe gegen Frankreich werden, die Friedrich zu leisten verspricht. Das alles trägt der sehr herrisch auftretende Gesandte Maria Theresia und Franz Stephan vor. Dieser erklärte dem Gesandten, er erkenne das große Übel, das ihm der König anfangs zuzufügen vermag. Er hege jedoch die berechtigte Hoffnung, daß weitere Folgen auch für den König selbst schädlich sein werden.

Dann setzte er fort: „Kehren Sie zu ihrem Herrn zurück und sagen Sie ihm, daß wir, solange er auch nur einen Mann in Schlesien stehen hat, eher zugrunde gehen wollen als mit ihm unterhandeln. Ist aber der Einmarsch noch nicht erfolgt, will er sich des Einmarsches enthalten oder, wenn derselbe bereits erfolgt sein sollte, seine Truppen nach Preußen zurückführen, dann wollen wir mit ihm in Berlin verhandeln."

Da der Einmarsch erfolgt ist und Preußen keine Miene macht, sich wieder zurückzuziehen, entscheidet sich Maria Theresia. Sie lehnt das sonderbare Hilfsangebot Preußens endgültig ab. Damit sind die Würfel für den Krieg gefallen.

Unter dem Oberbefehl Neippergs leisten die Österreicher in Schlesien Widerstand. Es ist verständlich, daß Franz Stephan in der ersten Zeit noch nicht die Hauptlast der Verantwortung für die Kriegsführung übernimmt. Auch hier wie in der Politik ist aber Maria Theresia „auf Posten", beobachtet mit ihrem hellwachen Verstand die Maßnahmen zur Deckung Schlesiens und fühlt sich bald zur Kritik veranlaßt. Vor allem bemängelt sie die Langsamkeit des Anlaufens der militärischen Maßnahmen. „Sie wird immer unser Verderben sein", schreibt sie dazu an den Kommandanten der Festung Glatz, „und man beeilt sich niemals, das zu tun, was das Allernotwendigste ist..."

Es ist kaum faßbar: Sie versucht sich als Strategin, gibt bis ins Detail militärische Anregungen. Niemals maßt sie sich Befehlsgewalt an, entscheiden soll Neipperg; aber sie will die Möglichkeiten ihres gesunden Laienverstandes ins Spiel bringen. Doch ist dies kaum eine Hilfe für den Oberbefehlshaber und seine Truppen. Was sie vorzubringen hat, ist längst überholt, durch die harten Tatsachen der sich überstürzenden Ereignisse widerlegt, paßt weder in die Situation noch in die Gegebenheiten des Kriegsschauplatzes.

Noch weniger kann damit der unglückliche Ausgang des Feldzuges abgewendet werden. Die Österreicher sind den Invasionstruppen Friedrichs weit unterlegen.

Die Stimmung in Schlesien selbst ist geteilt. Die von der österreichischen Herrschaft benachteiligten Protestanten begrüßen die einrückenden preußischen Truppen freundlich. Die habsburgische Regierung war im reichen Schlesien nie besonders beliebt, denn eine scharfe Überwachung und eine straffe zentrale Verwaltung hatten dafür gesorgt, daß die Einkünfte aus dem an landwirtschaftlichen Gütern und Bodenschätzen ergiebigen Land nach Wien flossen. Als jetzt an den öffentlichen Gebäuden der österreichische Doppeladler gegen den einfachen preußischen Adler ausgetauscht wurde, äußerte man allgemein, ein Vogel mit nur einem Kopf und Kropf könne nicht so viel fressen wie einer, der deren zwei habe.

Die militärischen Aktionen Österreichs waren auch jetzt noch ungenügend. Neipperg, ein Freund Franz Stephans und daher trotz seiner geringen Fähigkeiten vorläufig unabsetzbar, dirigierte die Armee von Wien aus und konnte sich daher nie ein Bild der wirklichen Lage machen.

Im Januar 1741 geht der Rückzug weiter. Inmitten einer Panikstimmung behält Maria Theresia als einzige einen klaren Kopf. Dabei ist die Entscheidung, die sie nunmehr trifft, wohl menschlich verständlich, aber völlig verfehlt: sie ernennt Franz Stephan zum Oberkommandierenden, und Neipperg muß sich mit der Stelle eines Generalstabschefs abfinden. Von den beiden ist er immerhin der tüchtigere.

Die preußischen Truppen erscheinen nun vor Glogau und fordern die Stadt zur Übergabe auf. Dies wird abgelehnt. Da Friedrich kein Belagerungsgeschütz bei sich hat, läßt er die Festung links liegen und marschiert weiter. Da gelingt ihm in Breslau der erste handgreifliche Erfolg: Die Stadt, die nicht habsburgisch, sondern reichsunmittelbar ist, öffnet ihm die

Tore. Am 3. Januar 1741 zieht Friedrich ein und wird mit seinen Soldaten freundlich begrüßt.

Neipperg beginnt nun, den Widerstand zu organisieren und die Aufstellung des Heeres in Böhmen voranzutreiben. Am 1. April 1741 steigen die österreichischen Truppen von den schlesischen Bergen in die Ebene hinunter. Ihre Stimmung hebt sich allmählich. Franz Stephan beschwört den Geist Prinz Eugens und drängt zur Entscheidungsschlacht.

Er bekommt sie. Bei Mollwitz werden die Österreicher am 10. April 1741 geschlagen. Die unerhörte Disziplin und der Drill der preußischen Infanterie gaben den Ausschlag.

Friedrich, der immer gern seinen Witz und Sarkasmus spielen läßt, bestimmt zur Bibelstelle des Dankgottesdienstes die Stelle aus dem ersten Paulusbrief an Timotheus, 2, 11-12: „Ein Weib lerne in der Stille mit aller Bescheidenheit. Einem Weibe aber gestatte ich nicht, daß sie lehre, auch nicht, daß sie des Mannes Herr sei, sondern ich will, daß sie still sei."

Man weiß nicht, ob die Kunde von diesem billigen Scherz Maria Theresia hinterbracht wurde. Er hätte sie jedenfalls tief getroffen. Denn in ihr lebte der Ehrgeiz einer anderthalb Jahrhunderte vorwegnehmenden Frauenrechtlerin, der Wille, immer und überall ihren „Mann" zu stehen. Man sollte nie von Österreich die Vorstellung haben, daß es „nur" von einer Frau regiert werde.

Noch waren die politischen Folgen dieser unglücklichen Schlacht nicht sichtbar, als Maria Theresia im Juni 1741 aufbrach, um sich in Ungarn krönen zu lassen. Sie hinterließ dem verzweifelten Neipperg einen tröstenden Brief, der keineswegs davon zeugt, daß sie die Bedeutung von Mollwitz richtig sah, und überließ sich dann, guten Mutes und in freudiger Erwartung dem Schaugepränge und den Zeremonien einer Krönung, die sie genießen konnte wie sonst kaum ein Herrscher jener Zeit.

Die Festlichkeiten werden bis in alle Einzelheiten geplant. Mit Fahnen und Wimpeln sind die Schiffe geschmückt, die die Donau hinabfahren. Mit Rot-Weiß-Grün, den Farben der Ungarn, begrüßt die Herrscherin ihr Land. Sie trägt ein Kleid aus weißer Seide, mit Gold und blauen Blumen bestickt. Im offenen Wagen hält sie zusammen mit ihrem Gemahl Einzug in der Krönungsstadt Preßburg, während ein dichtes Spalier die Straße säumt und die schöne junge Fürstin begeistert akklamiert.

Den Ständen hält sie im Preßburger Schloß eine lateinische Ansprache, in der sie versichert, sie wolle den Ungarn nicht nur eine Herrin, sondern auch eine Mutter sein. Solche Wendungen, für die damalige Zeit ungewohnt, sind für sie nicht leere Worte, sie kommen aus dem Herzen.

Daß die ungarischen Stände ihre Königin mit offenen Armen aufgenommen hätten, ist leider eine der rührenden Geschichten, die mit Geschichte nichts zu tun haben. Sofort mußte sich Maria Theresia in ermüdende Verhandlungen um Rechte und Privilegien stürzen, wobei ihr so manches abgepreßt werden konnte. Sie wehrte sich tapfer; das Ergebnis war ein Kompromiß, der einige Opfer erforderte.

Vor allem gestanden ihr die Ungarn eines nicht zu: daß Franz Stephan zum Mitregenten ernannt wurde. Damit wurde er nicht zum Mitträger der heiligen Stephanskrone. Das traf Maria Theresia tief. Mit kränkender Rücksichtslosigkeit als „Privatmann" behandelt, durfte er der Krönungszeremonie im Martinsdom zusehen. Auch darein fand er sich, ein Mensch, der ständig Rücksichten nahm, seine Person gern in den Hintergrund rückte und trotz allem noch zur höchsten Würde des Abendlandes aufsteigen sollte. Jetzt aber wollte er um der Königin willen jeden Streit vermeiden.

Den Ungarn zeigte sich eine Königin im Krönungsornat, die diese ihrem Gemahl angetane Kränkung nicht verwinden konnte: blaß und bewegt, in einer Wolke von Traurigkeit, wie ein Augenzeuge berichtet. Sie kann es sich nicht versagen, den Ungarn zu zeigen, daß man auch ihr einen Schlag versetzte, nicht nur Franz Stephan, daß sie jetzt ganz allein, ohne den geliebten Gatten, durch die Spaliere der Landtagsmitglieder und des Adels hindurchgehen muß, mit tiefernster Miene, ganz anders als bei ihrem Einzug über die Donaubrücke.

Erst als eine riesige Volksmenge in Eljen-Rufe ausbricht, kann sie diese Maske nicht mehr beibehalten. Ihr gutes Herz siegt, sie muß mitlachen, ihre Augen glänzen und ihre Wangen färben sich, als rings um sie der Jubel aufbraust.

Im Martinsdom leistet sie kniend den Krönungseid vor dem Primas von Ungarn, Graf Emmerich Esterházy. Sie wird mit dem Mantel des heiligen Stephan bekleidet, mit seinem Schwert umgürtet, und dann wird ihr seine Krone aufs Haupt gesetzt. Als sie sich in den Krönungsgewändern zeigt, huldigen ihr die Magnaten und die Menge, der „Domina et regina nostra".

Jetzt erst, so berichten die Augenzeugen, macht der Kummer Maria Theresias über die Zurücksetzung Franz Stephans einer stolzen Selbstsicherheit Platz. Als eine zutiefst gläubige Frau ist die junge Königin durchdrungen von der verwandelnden und emportragenden Macht der Zeremonie, ganz im Gegensatz zu der nüchternen und illusionslosen Weltsicht der Aufklärung, der ihr Gegner Friedrich II. huldigt. Die magische Wirkung der Krone und der Insignien ist für sie Wirklichkeit. Sie gelobt sich innerlich, Herrscherin zu sein, sie will herrschen, geleitet durch das, was sie ihre Pflicht nennt und was ihrem feinen Gerechtigkeitssinn entspricht. Sie gelobt es sich, und sie wird es halten.

Durchdrungen von diesen Vorsätzen, fügt sie sich gern den alten Bräuchen, reitet auf dem schwarzen Königsroß im Galopp auf den Krönungshügel, der aus ungarischer Erde zusammengetragen wurde, schwingt das Schwert des heiligen Stephan in die vier Himmelsrichtungen und fährt dann im Wagen durch die jubelnden Volksmassen ins Schloß zurück, um dem Krönungsbankett zu präsidieren.

Jetzt erst, da sie Franz Stephan an ihrem Tisch sieht, dem man gnädig einen offiziellen Platz gestattet hat, gibt sie sich ganz gelöst den Tafelfreuden hin, die sie schon immer sehr schätzte: jetzt ist sie nur mehr Mensch, eine freudig bewegte Frau, voll heiterer Unbefangenheit und Natürlichkeit. Man erzählt, daß sie die Stephanskrone bei dieser Gelegenheit vom Haupt genommen und mitten auf die Tafel gestellt hätte, mit dieser Geste wohl unwillkürlich andeutend, daß sie nicht immer nur Herrscherin sein wollte.

Gleich nach den glanzvollen Preßburger Tagen stürzt die rauhe Wirklichkeit der Politik auf Maria Theresia ein. Nun zeigen sich die Folgen von Mollwitz in unheilvollen Berichten, die aus allen Windrichtungen eintreffen.

Nur England hält noch zu Österreich. Frankreich, Spanien und Bayern kam der so überraschende Erfolg Friedrichs in Schlesien sehr gelegen. Sie haben bereits diplomatische Verhandlungen mit Berlin aufgenommen, mehr noch: sie haben sich sogar schon über die Richtlinien einer Teilung Österreichs geeinigt. Die italienischen Besitztümer der Monarchie, die österreichischen Niederlande und die deutschen Besitzungen haben auf dem Papier schon den Herrn gewechselt. Friedrich wird der Besitz Schlesiens zugestanden und Maria Theresia auf Ungarn beschränkt. Aus dem habsburgischen Reich wäre damit ein Kleinstaat geworden.

Für Maria Theresia ist vor allem die Haltung Frankreichs eine böse Überraschung. Sie hatte noch im Mai 1741 an Kardinal André Fleury, den Premierminister Ludwigs XV., geschrieben und der Hoffnung Ausdruck gegeben, Frankreich werde weiter seine freundschaftlichen Gefühle gegenüber Österreich bewahren. Doch in Paris hat die preußenfreundliche Kriegspartei unter Führung von Marschall Belle-Isle längst den Sieg davongetragen. „Der König von Preußen", schreibt der Marschall bewundernd, „ist von Geburt aus mit einem Genie ersten Ranges begabt, das ihn zu den größten Dingen antreiben wird."

Die habsburgische Monarchie sieht sich mit einer weltweiten Koalition konfrontiert, die wie im Handumdrehen gegen sie zustande gekommen war. Im Begriffe, von Preßburg nach Wien zurückzukehren, fällt Maria Theresia aus den schönen Illusionen der Preßburger Tage noch an Ort und Stelle in eine rauhe Wirklichkeit, in eine Situation, wie sie kritischer nicht ausgedacht werden kann; dazu kam noch die allgemeine Mutlosigkeit, die ihre Umgebung und sogar ihren Gatten ergriffen hatte.

Vielleicht setzte sich schon damals in ihr die Überzeugung fest, daß Franz Stephan trotz seiner liebenswerten Eigenschaften nicht die Persönlichkeit war, die sich in solchen kritischen Augenblicken durchsetzte und die darum stets Herr der Lage zu bleiben vermochte. Das konnte nur sie allein. Wenn sie nun voll und ganz die Zügel der Regierung ergriff, so deshalb, weil sie zu ihrer Umgebung kein Zutrauen mehr hatte und nur mehr auf sich selbst baute.

Ihre Aktivität hatte noch einen anderen Grund. Man konnte Maria Theresia in ihrem Gerechtigkeitsfanatismus nicht tiefer treffen als durch den Bruch der seinerzeit mit Österreich feierlich geschlossenen Verträge. Das aber geschah jetzt. Die flammende Empörung darüber, in der sie ihr Temperament kaum im

Zaum halten konnte, drängte alle Bedenken, alle Vorsicht und vor allem jede Kleingläubigkeit, der ihre Umgebung verfallen war, zurück. Sie nimmt den Kampf auf. Sie wird nicht einen Zoll nachgeben, auch wenn es viel Blut kosten sollte.

Noch in Preßburg kommt es zu einer Szene, reif für ein Bühnenstück. England hat die Absicht, einen Kompromiß zwischen den streitenden Parteien in die Wege zu leiten. Der englische Gesandte, Sir Thomas Robinson, seit 1730 in Wien und mit den Verhältnissen wohlvertraut, läßt sich bei Franz Stephan melden, um ihm die Forderungen der verbündeten Mächte zu überbringen. Er wählt absichtlich den schwächsten Punkt am Wiener Hofe, den kompromißbereiten Traumich-nicht, von dem er keine Schwierigkeiten erwartet. Franz Stephan ist ja immerhin Mitregent, vielleicht erreicht man durch ihn eine entscheidende Zusage, die einen Krieg ersparen würde. Der Ausverkauf des Habsburgerreiches soll möglichst billig gemacht werden.

Maria Theresia war die Person dieses Gesandten, der ihr gegenüber mit Arroganz und Besserwisserei auftrat und sie ständig fühlen ließ, daß sie „nur" eine Frau sei, besonders verhaßt. Er spürte diese Antipathie, und obwohl er Maria Theresia innerlich bewunderte – auch dafür haben wir Zeugnisse –, war deren Feindseligkeit vielleicht der Hauptgrund dafür, daß er sich jetzt nur an Franz Stephan wandte.

Er steht also vor dem Mitregenten im Preßburger Schloß und meint, leichtes Spiel zu haben. Kaum aber ist er mit Franz Stephan kurz beisammen, als sich die Tür öffnet und Maria Theresia – für den Gesandten höchst ungebeten – erscheint. Er hat nichts mehr zu reden. Auch Franz Stephan ist einer diplomatischen Aufgabe enthoben, der er sich wohl nicht gewachsen gezeigt hätte. Allein Maria Theresia spricht. Sie hält einen temperamentvollen Monolog, in dem sie natürlich nicht einen Fingerbreit von den Prinzipien der Pragmatischen Sanktion abweicht. Habsburg bleibt ungeteilt. Weder Schlesien noch irgendein anderes Stück habsburgischen Landes wird abgetreten.

Es verfängt auch nicht, daß Robinson jetzt ans Fenster tritt, auf die hoch angeschwollene Donau weist, deren Fluten unter dem Schloß vorbeidrängen, und sagt: „Wie diese Fluten da unten steigen, so wird auch die Flut der Bedrängnis für Eure Majestät von Stunde zu Stunde steigen." Auch das erschüttert die Zuversicht der Königin nicht. Robinson muß unverrichteter Dinge abziehen.

Zugleich hat Maria Theresia ihren eigenen Ratgebern, den greisen Großvätern von Starhemberg bis Neipperg, die bei Franz Stephan stets ein geneigtes Ohr hatten, eine Niederlage beigebracht. Jetzt wissen sie endgültig, daß man sie nicht gängeln kann, daß diese Frau ihnen an Mut und Entschlußkraft weit überlegen ist. Der Mahnung ihres Rates nachzugeben setzt sie entgegen: „Was für Grillen, warum diese Gesichter, um die arme Königin noch mehr zu decouragieren, statt ihr zu helfen und zu raten!"

Den Rat muß sie bei sich selber holen. Und dieser Rat ist teuer, denn von Tag zu Tag wird deutlicher, wie verzweifelt die Lage ist. Eben in diesen Tagen wird ihr eine neue Hiobsbotschaft aus Schlesien überbracht: Die Festung Brieg mußte geräumt werden.

Gleich darauf kommt eine noch viel verhängnisvollere Nachricht: Preußen und Frankreich gingen am 4. Juni 1741 miteinander ein Defensivbündnis ein. Maria Theresia muß sich mit dieser bitteren Wirklichkeit abfinden, sie muß einlenken. Ihre Ratgeber haben eine Kompromißformel ausgearbeitet, der sie schweren Herzens zustimmt: sie willigt in das Angebot der Abtretung Niederschlesiens an Friedrich II. ein, wenn dieser sein Bündnis mit Frankreich aufgibt und der Erwerbung der Kaiserkrone durch Franz Stephan zustimmt. „Placet", unterschreibt sie dieses Angebot, „weil kein anderes Mittel zu helfen, aber wohl mit meinem größten Herzeleid. Maria Theresia."

Zugleich versucht sie noch von Preßburg aus, alle Hilfsmittel der Monarchie gegen die feindliche Koalition in Bewegung zu setzen. Sie beginnt mit Ungarn. Hier zeigen sich jedoch gerade in diesem Augenblick alte Antipathien gegen Habsburg, auch will man angesichts dieser Lage von der Königin Zugeständnisse erzwingen. Besonders der Kleinadel, die zweite Tafel, neigt zur Revolte, man will den Eindruck von der Beliebtheit der Königin im Volke durch Zwischenträgereien und Tratsch verwischen. Sogar Schmähschriften werden gegen sie in Umlauf gesetzt. Das alles trifft sie tief, die noch unter dem Eindruck des Massenjubels bei ihrer Krönung steht; zum ersten Mal muß sie die bittere Pille trügerischer Volksstimmung schlucken.

Dennoch beschließt sie, den gordischen Knoten zu durchhauen. Schon seit je hatte sie das Gespür für theatralische Augenblicke, und stets weiß sie um die Wirkung ihres Wesens und ihrer Reize in Situationen, die den persönlichen Einsatz erfordern. Sie wagt ihn.

Sie übergeht die Vermittlung des Hofes, der Regierung und ihrer Räte und bittet am 7. September 1741 eine kleinere Gruppe aus dem Kreis der ungarischen Magnaten, bei denen sie am wenigsten Widerstand vermutet, zu sich. In freier Rede, offen und ehrlich, schildert sie ihre Situation, malt sie schwarz in schwarz, gibt zu verstehen, was eine Niederlage Österreichs auch für Ungarn bedeuten würde, und appelliert an die Königstreue der Magnaten. Sie braucht Soldaten und Waffen. Da wird ihr zum ersten Mal die hinreißende Kraft ihrer Rede, ihrer Persönlichkeit bewußt. Sie erhält bedingungslos, was sie begehrte.

Wenige Tage später ist sie in Wien. Dort erfährt sie, daß die bayerischen Truppen schon gegen Wien heranrücken. Es ist höchste Zeit. Wieder eilt sie nach

Ungarn, beruft dort beide Kammern (Tafeln) des Landtags ein und wiederholt ihr so wirkungsvolles persönliches Auftreten, dieses Mal aber auch vor dem ihr übel gesinnten ungarischen Kleinadel.

Im schwarzen Gewande (sie trägt noch Trauer um den verstorbenen Vater), die heilige Krone Sankt Stephans auf dem Haupt, der Dramatik dieser entscheidungsvollen Stunde bewußt, ersteigt sie würdig und gemessen den Thron. Wieder hält sie eine freie lateinische Rede, aber dieses Mal zittert ihre Stimme vor Erregung, einmal versagt sie ihr, während Tränen ihre Wangen herablaufen.

Sie wird sehr direkt in dieser Rede. „Es geht um das Königreich Ungarn, um Unsere Person, Unsere Kinder, um die Krone. Von allen verlassen, suchen Wir Zuflucht bei der Treue der Ungarn, bei ihrer von altersher bewährten Tapferkeit." Sie kann den Triumph erleben, daß ihre Rede zu wirken beginnt.

Es gibt im Leben der Völker und der Staaten nicht sehr viele Ereignisse, bei denen uns mit größerer Deutlichkeit als hier bewußt wird, wie sehr Geschichte das Werk einzelner Persönlichkeiten ist, die durch entschlossenen Einsatz, durch die geheimnisvolle Kraft ihrer Wesens das Geschehen bestimmen oder vorwärtstreiben. Die kollektiven Mächte treten dann ganz in den Hintergrund, nur einige wenige Menschen agieren, hier sogar ein einziger, Maria Theresia, die Herrscherin und Frau, rührend anzusehen, wie sie jetzt tränenüberströmt und wohl am Ende ihrer Kräfte, vor der Versammlung steht.

Da kommt es zu einem Tumult. Man hat diese Szene wiederholt geschildert und immer wieder in schönem Legendenton darauf verwiesen, daß die junge Herrscherin den ritterlichen Geist der Ungarn geweckt hätte.

Auch diese Gefühle mögen sich in den Begeisterungssturm gemischt haben, der nun ausbrach. Aber es gab da auch einen sehr realpolitischen Hintergrund: Maria Theresia hatte die Schranken durchbrochen, die zwischen den habsburgischen Herrschern und den Ungarn durch die verhaßte Wiener Regierung aufgerichtet worden waren. Was den Ungarn so wider den Strich ging, war das Bewußtsein, von Wien aus regiert und gegängelt zu werden.

Jetzt war das alles weggeräumt, die Herrscherin stand direkt vor den Repräsentanten ihres Volkes.

Sehr logisch und konsequent gedacht war es, als nun die Versammlung in den Ruf ausbrach: „Es lebe die Königin, aber nieder mit ihren Räten!" Da diese unvorsichtigerweise im Saal waren, kam es fast zu einem Handgemenge, es wurde auch der Ruf laut, alle an den Galgen zu hängen, die sich zwischen die Königin und die Ungarn stellten. Aber da hatte Maria Theresia schon den Saal verlassen.

Noch von den Wogen der Begeisterung getragen, bewilligte hierauf der Landtag die Aushebung für den Kriegsdienst. Insgesamt sollten hunderttausend Mann aufgestellt werden, eine für diese Zeit bedeutende Streitmacht. Daß da und dort wieder etwas zurückgeschoben wurde, daß aus den hunderttausend nur über zwanzigtausend Mann wurden, daß die Begeisterung versandete und kleinlich gehandelt wurde, änderte an dem Resultat nicht mehr viel.

Maria Theresia war gerettet. Das Bewußtsein ihres Erfolges gab ihr neuen Auftrieb. Sie wuchs mit ihren Aufgaben und ihren Erfolgen. Dabei war es ihr eine persönliche Freude, daß sie so nebenbei noch eine Forderung durchsetzen konnte, deren Verweigerung sie so schmerzlich berührt hatte: Franz Stephan wurde zum Mitregenten in Ungarn. Der Landtag gewährte ihm freilich nichts weiter als den Titel. Sie selbst jedoch – einer der seltsamsten Widersprüche dem geliebten Mann gegenüber – arbeitete weiter daran, ihn mehr und mehr von der Regierung auszuschalten.

Es war höchste Zeit, daß die ungarische Hilfe wirksam wurde, denn inzwischen gestaltete sich die Lage immer prekärer. Friedrich II. lehnte, wie erwartet, das Kompromißangebot Maria Theresias ab. Auch Sachsen war nun auf seine Seite getreten. Diese Vermehrung der Feinde Habsburgs ließ in ihm die Zuversicht aufkommen, er könne sich bei der bevorstehenden Liquidation der habsburgischen Monarchie, deren Planung auch vor Ungarn nicht mehr haltmachte, neben Schlesien noch andere habsburgische Länder einverleiben.

Genausowenig ließ sich Bayern bewegen, durch Kompromisse einzulenken. Das Stichwort „Aufteilung" hatte alle elektrisiert. Sie waren nicht mehr zu halten. Friedrich II. stellte diese Situation in der Rückerinnerung so dar, als wäre Frankreich die treibende Macht für die Zerstörung der Habsburgermonarchie gewesen: „Diese Macht war der Überzeugung, daß das im Verfalle befindliche Haus Österreich für immer zerstört zu werden im Begriffe sei. Es wollte auf seinen Trümmern vier ganz gleiche Souveräne einsetzen: nämlich die Königin von Ungarn mit den Überresten der Monarchie ihres Vaters, den Kurfürsten von Bayern mit Böhmen, einem Teil von Österreich, dem Breisgau und Tirol, Preußen mit Niederschlesien und endlich Sachsen mit Oberschlesien und Mähren. Auf die gleichmäßige Verteilung der Macht zwischen diesen vier Souveränen stützte Frankreich sein Streben nach führender Schiedsrichterstellung." Von Preußen aus gesehen, war dieser Plan allerdings unannehmbar. Denn Friedrich verlangte ganz Schlesien für sich.

Dennoch herrschte weitgehend Einigkeit unter den Verbündeten. Die Größe und Weltweite des Bündnisses gegen Habsburg wirkte befeuernd. So billig schien man noch nie zu einem Ländererwerb gekommen zu sein. Der alte, unselige Hausmachtgedanke des mittelalterlichen Heiligen Römischen Reiches ließ seine

Fürsten nicht ruhen, noch weniger aber die auswärtigen Mächte.

Die Ansprüche Bayerns umfaßten das Herzstück des Habsburgerreiches: die deutschen Erblande. Die Familie Habsburg sollte dadurch aus dem Heiligen Römischen Reich Deutscher Nation vollständig hinausgedrängt werden. Deshalb war Maria Theresia die Kandidatur Franz Stephans für die ehrwürdige deutsche Kaiserkrone so wichtig: als einer Verankerung Habsburgs in Deutschland. Unter den gegebenen Umständen war dieser Plan ein Hirngespinst, eine Utopie. Außer Maria Theresia glaubten nur wenige an eine Verwirklichung.

Indessen ging der Krieg weiter. Die bayerischen Truppen waren als erste zur Stelle. Am 15. September 1741 zog der bayerische Kurfürst Karl Albrecht in Linz ein, während seine Truppen bei Passau auf der Donau eingeschifft wurden. Schon vorher hatten sich französische Truppen blauweiße Kokarden an die Hüte gesteckt und als zweite Welle gegen Österreich den Rhein überschritten. Der bayerische Kurfürst trat in Oberösterreich sehr selbstsicher auf und ließ sich als Landesherr huldigen. Sympathien fand er kaum. Das Land war gut österreichisch.

Zwischen Linz und Wien befanden sich keine nennenswerten Kräfte, die die bayerischen Truppen hätten aufhalten können. In Wien setzte eine Fluchtbewegung ein, selbst Maria Theresia ließ ihren Sohn nach Ungarn in Sicherheit bringen. Dennoch regte sich auch in der Hauptstadt der Abwehrwille. Man traf Vorsorge, daß Wien einer Belagerung standhalten könne.

Zum Glück für Österreich ließ sich jetzt der bayerische Kurfürst Zeit und traf keine Anstalten zu weiterem Vormarsch, obwohl er von Friedrich II., der die günstige strategische Lage genau übersah, dazu gedrängt wurde. „Nur in Rom kann man die Römer schlagen", schrieb er seinem bayerischen Verbündeten.

Karl Albrecht von Bayern war aber noch immer dabei, seinen Sieg auszukosten, und verbrachte seine Zeit in Linz mit Festlichkeiten. Währenddessen bewegten sich seine Truppen sehr langsam und vorsichtig in Richtung Wien.

Bezeichnend für diese Vorsicht ist eine Episode, die eine Lokalchronik verzeichnete. Als sich die bayerischen Truppen Dürnstein in der Wachau näherten, einem Ort von dreihundert Einwohnern, der von Mauern umgeben war, verfielen die Dürnsteiner auf die Idee, an den Mauerzinnen schwarz angestrichene Brunnenröhren anzubringen, dazu noch einige Hakenbüchsen. In den Wehrgängen liefen gut sichtbar Männer und Frauen hin und her, während Hornstöße, Trommelwirbel und über die Zinnen gehaltene Federhüte die Vortäuschung einer starken kaiserlichen Besatzung vollendeten. Der Feind griff Dürnstein nicht an.

Der Winter stand außerdem bevor, und damals waren Winterfeldzüge unbeliebt. Maria Theresia erhielt noch einmal eine Atempause, und sie säumte nicht, die Gelegenheit auszunutzen.

Aber auch Friedrich II. verschaffte Österreich eine Galgenfrist. Zu Kleinschnellendorf wurde am 9. Oktober 1741 mit ihm ein Waffenstillstand geschlossen, in dem Maria Theresia konzedierte, daß die preußische Armee in Oberschlesien Winterquartiere beziehen konnte.

Preußen brauchte Zeit, um zu einem neuen Schlag ausholen zu können. Mochten die verbündeten Bayern und Franzosen inzwischen weiterkämpfen. Friedrichs Armee konnte dann im nächsten Jahr das Zünglein an der Waage bilden.

Noch im Herbst sammelte sich die österreichische

Armee in Böhmen. Dieses Land war augenblicklich am meisten bedroht. Die Bayern hatten sich entschlossen, nicht nach Wien zu ziehen, denn Karl Albrecht war es zunächst um die Erwerbung der böhmischen Krone zu tun. Nicht gewarnt durch das böse Schicksal seines pfälzischen Vorfahren, des „Winterkönigs" Friedrich von der Pfalz, und gegen den Rat Friedrichs II. hielt er an diesem Ziel auch dann fest, als er sehen mußte, daß ihm Friedrich durch den Abschluß des Waffenstillstands mit Österreich in den Rücken gefallen war, derselbe Friedrich, der die bayerischen Truppen nicht rasch genug in Wien sehen konnte.

So kam es zu einer Entwicklung, über welche die Strategen der damaligen Zeit den Kopf schüttelten, am meisten die österreichischen. Zu aller Erstaunen vollführten die an der Donau gegen Wien vorrückenden bayerischen Truppen plötzlich eine Linkswendung und zogen nach Böhmen. Die von Truppen entblößte Kaiserstadt war gerettet.

Franz Stephan begab sich nun zur Armee. Maria Theresia ließ ihren Gemahl schweren Herzens ziehen, aber sie versprach sich von seiner Anwesenheit bei den Truppen eine anfeuernde Wirkung. Schließlich sollte Prag noch vor dem Winter dem Zugriff des Feindes entzogen werden.

Das gelang nicht. Die unentschlossene Haltung Neippergs verschuldete, daß Prag am 26. November 1741 von bayerischen und sächsischen Truppen gestürmt wurde.

Der preußische König nahm die Nachricht von der Eroberung Prags mit Freude auf und trank auf das Wohl des Königs von Böhmen in spe. Insgeheim erwog er wohl schon, den Waffenstillstand von Kleinschnellendorf zu brechen.

Die Nachricht vom Fall der böhmischen Hauptstadt traf Maria Theresia gerade bei einem Bittgottesdienst. Zunächst konnte sie ihre Erschütterung nicht verbergen, dann aber raffte sie sich auf. Sofort ergriff sie Gegenmaßnahmen, während ihr Gemahl in Böhmen das Unglück noch dadurch vergrößerte, daß er das Entsatzheer für Prag wieder umkehren ließ.

Aber Maria Theresia steht wie ein Fels in der Brandung. An Kinsky schreibt sie in dieser tragischen Situation: „Jetzt endlich, Kinsky, ist der Augenblick gekommen, in dem man Mut zeigen muß, um sich das Land zu halten und mit ihm die Königin, denn ohne Böhmen wäre ich nur eine arme Fürstin. Mein Entschluß ist gefaßt, alles muß riskiert werden, um Böhmen zu retten. Der kritische Augenblick ist endlich da. Schont das Land nicht, es muß gehalten werden... Ihr werdet sagen, daß ich grausam bin: es ist wahr, aber ich weiß auch sehr wohl, daß ich imstande sein werde, alle Härten, die ich in dieser Stunde begehen lasse, um das Land zu erhalten, hundertfältig zu ersetzen. Ich werde es tun, aber in dieser Stunde muß sich mein Herz dem Mitleid verschließen. Ich hoffe, das wird nicht vergeblich sein..."

Aus jeder Zeile dieses und ähnlicher Briefe spricht der eiserne Wille, sich und die Erblande zu behaupten. Maria Theresia gibt nicht nach, jeder Schicksalsschlag feuert sie von neuem an, ermutigt sie, statt ihren Mut zu brechen. Nach Wien zurückgekehrt, leitet sie von der Hauptstadt aus neue Operationen ein.

Sie gab zunächst Böhmen preis, wo Friedrich II. den Waffenstillstand, wie zu erwarten war, gebrochen hatte und eben eine neue Offensive startete. Die österreichische Armeeführung traf hingegen alle Anstalten, um Oberösterreich vom Feinde zu säubern.

Mit den Operationen betraut Maria Theresia Graf Ludwig Andreas Khevenhüller, der am Morgen des 20. Dezember 1741 unter begeisterter Anteilnahme der Bevölkerung mit seinem Heer Wien verläßt. Drei Tage später schreibt ihm seine Herrscherin einen jener ganz aus dem Herzen fließenden Briefe, in denen sie Meisterin ist. Dem Brief liegt ihr Bild und das ihres Sohnes bei. Er lautet: „Lieber und getreuer Khevenhüller! Hier hast Du eine von der ganzen Welt verlassene Königin vor Augen mit ihrem männlichen Erben. Was vermeinst Du, will aus diesem Kinde werden? Sieh, Deine gnädige Frau erbietet sich Dir als einem treuen Minister, mit diesem auch ihre ganze Macht, Gewalt und alles, was Unser Reich vermag und enthält. Handle, o Held und treuer Vasall, wie Du es vor Gott und der Welt zu verantworten Dich getrauest. Nimm die Gerechtigkeit als ein Schild! Tue, was Du recht zu tun glaubst. Sei blind in der Beurteilung der Meineidigen, folge Deinem in Gott ruhenden Lehrmeister in den unsterblichen Eugenischen Taten und sei versichert, daß Du und Deine Familie zu jetzigen und ewigen Zeiten von Unserer Majestät und allen Nachkommen alle Gnaden, Gunsten und Dank, von der Welt aber einen Ruhm erlangst. Solches schwören Wir Dir bei Unserer Majestät. Lebe und streite wohl. Maria Theresia."

Khevenhüller wurde von Rührung übermannt, als er diesen Brief an der Tafel seinen Offizieren vorlas. Franz Stephan, der eben im Hauptquartier eingetroffen war, um als Oberbefehlshaber an den sich nun anbahnenden Erfolgen teilzuhaben, war Zeuge begeisterter Ovationen der österreichischen Offiziere für ihre Herrscherin.

Im Januar 1742 – man hat sich jetzt doch zu einem Winterfeldzug entschlossen – überraschen die Österreicher den Feind bei Linz, schließen die Hauptstadt Oberösterreichs ein und zwingen die bayerischen Garnisonen im ganzen Land, zu kapitulieren. Wenige Tage später wird Linz von den Österreichern genommen und die Grenze nach Bayern überschritten.

Maria Theresia gab den Truppen strenge Anweisung, die bayerische Bevölkerung möglichst zu schonen. Sie wollte, daß ihre Soldaten sich von der Vorgangsweise der preußischen Armee in Böhmen möglichst unterschieden. Trotzdem kam es zu Übergriffen, die Maria Theresia streng ahndete. So ließ sie dem Pandurenoberst von der Trenck, der sich im Feldzug große Verdienste erworben hatte, den Prozeß machen und ihn zu lebenslanger Kerkerhaft verurteilen.

Am 12. Februar 1742 zog Khevenhüller in München ein, während der bayerische Kurfürst in Mannheim an der prunkvollen Doppelhochzeit zweier bayerischer Prinzessinnen teilnahm. Die Aussicht, statt Franz Stephan zum römisch-deutschen Kaiser gewählt zu werden, nahm sein Denken und Trachten viel mehr ein als der Verlust seines bayerischen Stammlandes.

In Frankfurt grub man inzwischen die Bestimmungen der Goldenen Bulle Kaiser Karls IV. aus und fand dort einen Grund, um Maria Theresia von ihrer Kurstimme auszuschließen: Sie war eine Frau, und nur Männer waren stimmberechtigt. So ruhte ihre böhmische Kurstimme, und die übrigen Fürsten beschlossen einstimmig die Wahl Karl Albrechts, der als Kaiser den Namen Karl VII. annahm.

Damit war dem Geschlecht der Habsburger zum ersten Mal seit mehr als dreihundert Jahren die Kaiserkrone entrissen worden. Wien war nicht mehr Hauptstadt des Reiches.

Es war jedoch zweifelhaft, ob der uralten Traditionsform des Heiligen Römischen Reiches, das seit dem Dreißigjährigen Krieg zu einem Schatten seiner selbst geworden war, so viel Kraft innewohnte, daß dessen Oberhaupt nunmehr in die Tat umsetzen konnte, was es sich vorgenommen hatte: die Aufteilung der habsburgischen Länder. Das waren Zukunftsträume des gekrönten Wittelsbachers, der gerade in den Frankfurter Krönungstagen die Nachricht vom Fall seiner Hauptstadt erhalten hatte. Sofort kam in Frankfurt der Witz auf, der neue römisch-deutsche Kaiser habe

Münzen prägen lassen, deren Vorderseite ihn als Kurfürsten, deren Rückseite ihn als Kaiser zeige. Vorn stehe die Umschrift „Aut Caesar aut nihil" und rückwärts „Et Caesar et nihil".

Das Haus Wittelsbach hatte mit diesem gekrönten Kaiser, der augenblicklich ohne Land war, nichts gewonnen. Die persönliche Genugtuung des eitlen Karl Albrecht zählte angesichts dieser Tatsache nichts. Von Gichtanfällen geplagt, ließ er sich am 12. Februar, am gleichen Tag, da Khevenhüller in München einzog, die Krone Karls des Großen aufs Haupt setzen.

„So mußte ich denn die Schwäche des Körpers überwinden", vertraute er darüber seinem Tagebuch an, „und die seelische Aufregung zu meistern suchen." Dann fließt ihm unter dem Ansturm der Gefühle die Feder über: „Alles ist darüber einig, daß keine Krönung jemals herrlicher und glänzender war als meine; der Luxus und die Verschwendung, die sich in allem und jedem kundgaben, überstiegen alle Vorstellung. So konnte ich wähnen, den höchsten Gipfel menschlicher Größe erklommen zu haben, mußte aber unwillkürlich der allmächtigen Hand Gottes gedenken, der zur selben Zeit, da er Uns so hoch steigen ließ" – er dachte an München oder verspürte gerade einen Gichtanfall –, „gar dringlich daran erinnert, daß wir nur seine Geschöpfe sind und stets im Auge behalten müssen: wir sind nur Menschen!"

In Wien durfte man gefaßt bleiben. Die Wahl konnte nicht viel mehr sein als eine persönliche Kränkung Maria Theresias, deren Lieblingswunsch scheinbar endgültig zunichte gemacht war: Franz Stephan als gekrönten römisch-deutschen Kaiser zu sehen. Doch auch hier ließ sie nicht locker – und die Zukunft sollte ihr recht geben.

Es blieb die preußische Gefahr. Friedrich II. lauerte in seinem Hauptquartier in Olmütz auf eine günstige Gelegenheit. Eine diplomatische Fühlungnahme mit ihm erbrachte für Österreich demütigende und untragbare Bedingungen: die Abtretung Böhmens an Bayern, Mährens und Oberschlesiens an Sachsen, Niederschlesiens und der Stadt Glatz an Preußen. Hier war nicht mehr zu verhandeln. Es blieb nur der Kampf.

Maria Theresia teilte nun die Armee Khevenhüllers, der in Bayern seinen Siegeszug fortsetzte, und dirigierte zwölftausend Mann nach Böhmen, von wo die Preußen schon bis vor die Tore Wiens ausschwärmten.

Auch die ungarische Hilfe für Maria Theresia begann allmählich wirksam zu werden. Es war auch höchste Zeit, denn die preußischen Husaren wurden immer kühner und zeigten sich schon vor den Stadttoren Wiens. Die Festung Glatz war schwerstens bedroht. Am 25. April 1742 fiel sie in die Hand des Feindes. Dagegen mußten die Preußen die Belagerung von Brünn aufgeben. Von Mähren aus operierte eine Armee unter Prinz Karl von Lothringen und stellte die Preußen am 17. Mai bei Chotusitz zur Schlacht. Die bessere Führung der Preußen entschied. Doch war die Niederlage der Österreicher keineswegs eine Katastrophe.

Auch gelingen Karl von Lothringen trotz Chotusitz nun kleinere Erfolge. Es sei nötig, schreibt Maria Theresia dem Gesandten Uhlfeld, daß eine Aufmunterung an alle österreichischen Gesandten erfolge, „obwohl ich innerlich sehr unterdrückt und in Angst bin, da ich befürchte, daß noch etwas Übles nachfolgt."

Auch Friedrich schreibt in diesen Tagen an Podewils: „Ich gestehe Ihnen offen, daß ich gerne meinen Kopf aus der Schlinge ziehen möchte, da ich nichts Gutes voraussehe und weil das Ende ein unglückliches sein wird." Die unmittelbare Folge war ein verhandlungswilliger Preußenkönig.

Das Angebot, zu dem Maria Theresia sich schweren Herzens entschlossen hatte, nämlich die Abtretung Schlesiens an Preußen, mit Glatz, jedoch ohne

Teschen, Troppau und Jägerndorf, nahm Friedrich an. Auch die Bedingung, daß die katholische Bevölkerung in ihrer Religion nicht angetastet werden dürfe, akzeptierte der über alle Religionskämpfe erhabene Freigeist. Am 28. Juli 1742 wurde auf dieser Grundlage zu Berlin ein Friede geschlossen. Er konnte wirklich die Grundlage für die Herstellung eines dauerhaften Friedensverhältnisses zwischen Preußen und Österreich darstellen. Maria Theresia jedenfalls war entschlossen, sich streng an die Vereinbarungen dieses Vertrages zu halten.

Der Friede war ein Schlag für die Verbündeten Friedrichs II., denen der König schlechterdings in den Rücken gefallen war. Als erste Macht zog sich daraufhin Sachsen aus dem Krieg zurück.

Besonders tief wirkte die Nachricht vom Separatfrieden Preußens in Versailles. Der fast neunzigjährige Kardinal Fleury weinte. Sofort schrieb er nach Wien mit der Bitte um Verhandlungen, denn Frankreichs Lage war nun sehr schwierig geworden. Maria Theresia konnte ihre ganze Armee gegen Bayern und Frankreich wenden. Dieses hatte seine Truppen in hoffnungsloser Lage, ohne die Flankendeckung der Preußen, in Böhmen stehen. Im Rücken wurde es durch England bedroht, das in den Kolonialgebieten einen weltweiten Krieg gegen die französischen Besitzungen führte.

Maria Theresia hätte von Frankreich billig einen Frieden haben können. Doch jetzt war es die Kriegspartei am Wiener Hof und der allgemeine Auftrieb nach der Ausschaltung Preußens, die diesen Frieden verhinderten. Wieder kam es zum Kampf. Bei Prag lieferte der von den österreichischen Truppen in der Stadt belagerte Marschall Broglie den Österreichern ein Gefecht, das mit einem Sieg der französischen Waffen endete. Außerdem rückte von Westen ein französisches Entsatzheer heran.

Obwohl Maria Theresia zur Eile mahnte, blieb man im österreichischen Hauptquartier unschlüssig und tat so gut wie nichts gegen die drohende französische Invasion. Endlich entschloß sich Franz Stephan, den zum Entsatz heranrückenden Franzosen entgegenzuziehen. Er tat dies so zaghaft und unter Vermeidung von Kampfhandlungen, daß die Franzosen ungeschlagen nach Bayern entkommen konnten. Die in Prag eingeschlossene französische Armee vermochte jedoch durch eine geschickte Führung den Belagerungsring zu sprengen und sich mitten im Winter nach Eger zu retten. Der Feind verließ Böhmen unbesiegt, die bravouröse Leistung der französischen Truppen verlieh ihrem Lande großes militärisches Ansehen.

Franz Stephan hatte das Nachsehen. Wieder einmal kam er in Wien ohne Schlachtenlorbeer an, doch bedrückte ihn dies kaum. Sogleich stürzte er sich in den Trubel der Lustbarkeiten, Feste und Karussellfahrten, denen sich auch Maria Theresia voll unbekümmerten Temperaments anschloß.

Der Krieg war schon fast vergessen, als am 29. Dezember ein Kurier die Nachricht von der Einnahme Prags durch die Österreicher nach Wien brachte. Maria Theresia befand sich gerade mitten in den Vergnügungen der Reitschule, als ihr das Schreiben übergeben wurde. Sie ließ die Siegesbotschaft sogleich den anwesenden Standespersonen und dem Volk mitteilen, worauf sich ein allgemeines Jubelgeschrei erhob und alles aus der Reitschule herausstürzte, um ja nicht den Anblick des einreitenden Kuriers mit der Siegesmeldung, begleitet von sechs blasenden Postillionen und zwei Postmeistern, zu versäumen.

Die Feste setzten sich in das Jahr 1743 hinein fort, denn da gab es nun einen neuen Anlaß: die Krönung Maria Theresias zur Königin von Böhmen in dem befreiten Prag. Das Ereignis bot eine herrliche Gelegenheit für die Veranstaltung eines jener Prunkfestzüge, die Maria Theresia so liebte und bei denen sie, ein echtes Kind des auf Repräsentation so sehr bedachten Barockzeitalters, sich in Szene setzen konnte.

Am 29. April 1743 kommt sie vor Prag an. Vor dem Roßtor sind drei Türkenzelte aufgestellt, hier wird der lange Reiterzug geordnet, zuerst die Bürgerschaft von vier Städten, dann der böhmische Adel – ein Teil fehlte, weil er zum Feind übergelaufen war –, schließlich die Herolde aus Böhmen, Ungarn und Österreich in der üblichen prunkvollen Aufmachung; dann im Galawagen Maria Theresia und Franz Stephan, der dieses Mal nicht mehr geschnitten werden kann. Die Geschütze donnern, die Glocken läuten, das Volk hat sein Schauspiel.

Als am Morgen des Krönungstages die Botschaft in Prag eintrifft, Karl von Lothringen habe die Bayern bei Braunau geschlagen, schiebt Maria Theresia sofort die Krönung auf, um im Sankt-Veits-Dom eine feierliche Dankmesse zelebrieren zu lassen. Nach der Messe salbt der Bischof von Olmütz sie zur Königin und setzt ihr die Wenzelskrone auf das Haupt. „Sie ist schwerer als die von Preßburg und sieht einem Narrenhäubel gleich", schreibt Maria Theresia respektlos über sie. Das ist ein Zeichen, daß sie solchen Krönungszeremonien doch schon etwas kritischer gegenübersteht.

Mit der schweren Krone auf dem Haupt, kann sie es sich nicht versagen, aus dem Dom zu treten und sich dem Volk zu zeigen, nicht nur, um eine propagandistische Wirkung auszuüben, sondern wieder als Kundgebung der Solidarität zwischen dem Herrscher und seinem Volk.

Diese Krone sitzt sicherer auf ihrem Haupt als vor zwei Jahren die Stephanskrone. Sie hat ihr Stammland erfolgreich verteidigt, sie hat im Kampf um das habsburgische Erbe den Sieg davongetragen, die drei großen Säulen der Dynastie, Böhmen, Ungarn und Österreich, sind unversehrt und sicher in ihrer Hand. Sie hat die erste Bewährungsprobe als Herrscherin glänzend bestanden.

Im klaren Bewußtsein ihrer Leistung und ihres Wertes besteigt sie nun ein Schiff, eine Luxusjacht, die in Bayern erbeutet wurde, und fährt die Donau abwärts, damit die Leute etwas zum Schauen haben. Die Wenzelskrone führt sie an Bord mit sich. Zu Schiff fährt sie in Wien ein, läßt sich umjubeln, jubelt selbst, und ihr kleiner Sohn steht mit einem Fähnchen am Fenster der Hofburg, um die schöne Mama zu begrüßen.

Inzwischen war eine neue Siegesnachricht eingetroffen. Die verbündeten Engländer hatten sich mit den Kriegshandlungen in den Kolonien nicht begnügt und ein Expeditionskorps nach Deutschland geschickt, das die Franzosen bei Dettingen schlug.

Maria Theresia vergaß bei dieser Nachricht weiteres Feiern und stürzte sich mit Leidenschaft in die Politik, denn dieser Sieg über die Franzosen hatte ihr neue Möglichkeiten eröffnet. Bayern war bereits vollkommen geschlagen, Kaiser Karl VII., den Maria Theresia stets nur als Kurfürst von Bayern titulierte, weilte außerhalb seines Landes. Frankreich mußte als nächstes in die Knie gezwungen werden.

Ein dringendes Schreiben ging an Karl von Lothringen ab, er möge rasch die Verfolgung der Franzosen aufnehmen. Nichts ging ihr schnell genug, denn sie erkannte die Chancen dieser Situation. Doch sie konnte den Alliierten das Tempo nicht diktieren. Erst nach monatelangen Verhandlungen ging eine Armee über den Rhein, die freilich gegen die befestigten Stellungen der Franzosen nichts ausrichten konnte. Rechts des Rheins bezog man Winterquartiere.

Maria Theresia verzehrte sich in Ungeduld, denn die Wiedererwerbung des lothringischen Stammlandes Franz Stephans kam in greifbare Nähe. Sie wollte es dem Bruder ihres Gemahls, Karl von Lothringen, sichern, mit dessen Truppenführung sie sehr zufrieden war. Zunächst ernannte sie ihn zum Statthalter der Niederlande und gab ihm ihre jüngere Schwester, Erzherzogin Maria Anna, zur Frau.

Bei der Hochzeit am 7. Januar 1744 führte Maria Theresia selbst die Braut zum Altar. Wieder entfaltete sich bei diesem Fest der barocke Pomp, und wieder wurde alles überstrahlt von der Anmut der Herrscherin, deren schlichte und natürliche Menschlichkeit das höfische Zeremoniell wiederholt durchbrach. Im selben Jahr jedoch mußte sie die geliebte Schwester verlieren: Maria Anna starb kurz nach einer Totgeburt, während Karl von Lothringen im Felde stand.

Durch den trügerischen Glanz der Feste schreitet die unüberwindbare Majestät des Todes und bringt das strahlende Lächeln auf dem Antlitz der Kaiserin zum Verlöschen. „Ich sehe klar", schreibt sie ihrem Leibarzt van Swieten mit fast philosophischer Einsicht, „wie Gottes Wille sich an mir verwirklicht: Er hält mich in seiner Gnade aufrecht, um den Weg der Schicksalsschläge, der Schmerzen und Tränen zu wandeln, den er mir vorgezeichnet hat."

Sechstes Kapitel

Die Kaiserkrönung

Der Kampf um die Erbfolge ist siegreich geschlagen. Aber Frankreich, bisher nur Verbündeter des römisch-deutschen Kaisers, gibt nicht auf. Es hat Österreich nun auch formal den Krieg erklärt. Die Aussicht auf den Frieden ist wieder in die Ferne gerückt. Österreich wähnt sich jedoch in der besseren Position, denn es hat hinter sich ein – wie man annimmt – befriedetes Preußen.

Am 2. Juli 1744 überschreitet die Armee Karls von Lothringen den Rhein. Die Möglichkeit, Franz Stephans Verzicht auf Lothringen rückgängig zu machen, könnte jetzt Wirklichkeit werden. Schon sind auch militärische Anfangserfolge auf dem Boden des angestammten Erblandes errungen worden, da stürzt alles wie ein Kartenhaus zusammen.

Denn jetzt greift Friedrich II., wieder unter Bruch aller geschlossenen Verträge, überfallartig in die Entwicklung ein. Die Besorgnis, Maria Theresia könnte zu groß werden, den Kampf in das Herz Frankreichs tragen und diese Großmacht ausschalten, um dann mit Preußen abzurechnen, beruht zwar auf einer falschen Einschätzung der Königin, ist aber für den skrupellosen Machtpolitiker, der von sich auf andere schließt, durchaus plausibel.

Schon am 12. Juli hat Friedrich den französischen König wissen lassen, die preußische Armee werde in einem Monat in Böhmen einfallen und noch vor Ende August Prag erreichen. Dieses soll genommen und gehalten werden. Diese Aktion, versichert er Ludwig XV., werde genügen, um die österreichischen Kräfte zum Rückzug über den Rhein zu veranlassen.

Da trat noch einmal eine günstige Wendung für

Österreich ein. Denn mitten in den sich nun anspinnenden Verhandlungen erkrankte der französische König schwer. Die dadurch gelähmte französische Führung ermöglichte es den Österreichern, sich unbehindert vom Feind zu lösen und sich über den Rhein abzusetzen.

Friedrichs Ziel war nur zum Teil erreicht, doch war er seinerseits nicht untätig geblieben. Ein Bündnis mit Karl VII., dem Schattenkaiser ohne Land, dem Kurfürsten von der Pfalz und dem Landgrafen von Hessen-Kassel, mit dem Ziel, „die deutsche Freiheit vor der Tyrannei Österreichs zu retten", ging seinem Einfall in Böhmen voran.

Selbst dem sonst so vermittlungsfreudigen Franz Stephan zwang Friedrich mit dieser Tat den Ausruf „dieses Ungeheuer" ab. Stürmisch verlangte er von Maria Theresia, daß ihm anstelle des Prinzen Karl der Oberbefehl übertragen werde. Mit Mühe brachte ihn die Herrscherin davon ab. Sie hat diesen Kampf mit ihrem ehrgeizigen Gemahl in einem Brief an ihre Schwester geschildert: „Ich nahm meine Zuflucht zu unseren gewöhnlichen Mitteln, den Liebkosungen, den Tränen. Aber was vermögen die über einen Gatten neun Jahre nach der Verheiratung! Auch bei diesem besten Gatten der Welt erreichte ich nichts. Endlich geriet ich in meinen Zorn, und der hat mir so gute Dienste getan, daß er und ich krank geworden sind."

Schon am 16. September war Prag in preußischer Hand. Dieses Mal mußte die Stadt schwerer leiden als unter der französischen Besetzung, auch auf dem flachen Lande hausten Friedrichs Truppen schrecklich unter dem „ebenso stupiden wie abergläubischen Volk", wie sich der Preußenkönig voll Verachtung ausdrückte. Doch dauerte der Schrecken nur wenige Wochen, da Friedrich vor der geballt aufmarschierenden Hauptmacht der Österreicher den Rückzug antrat. Eine Entscheidungsschlacht hätte er sicher verloren.

Schon am 26. November verließen die preußischen Truppen Prag, während die vorrückenden österreichischen Verbände, durch freiwillige Milizen aus der aufs äußerste verbitterten Bevölkerung verstärkt, gegen Schlesien vorrückten. Maria Theresia war fest entschlossen, den Vertragsbruch Friedrichs auch ihrerseits mit einem Bruch der Vereinbarungen über die Abtretung von Schlesien zu beantworten.

Da trat ein Ereignis ein, das abermals eine günstige Wendung für sie und das Haus Habsburg-Lothringen darstellte: der Tod des römisch-deutschen Kaisers. Karl VII. starb unerwartet am 20. Januar 1745. Maria Theresia schloß mit seinem Sohn sofort einen Vertrag, in dem sie auf Bayern, das sie ursprünglich als Ersatz für Schlesien beansprucht hatte, verzichtete und dafür die Kurstimme Bayerns für die Frankfurter Kaiserwahl eintauschte. Damit war eine Mehrheit für Franz Stephan gesichert, und ihr Lieblingsgedanke, dem Gemahl die Kaiserwürde zu verschaffen, war keine bloße Spekulation mehr.

Wie ernst diese neue Entwicklung für Preußen wurde, geht aus einem Kommentar Friedrichs II. zum Tode des Wittelsbacher-Kaisers hervor. Er sprach in einem Brief an Ludwig XV. von einer „schrecklichen Krise", in der die Dinge stehen. „Ich bin bestürzt, daß ich Ihnen nicht mehr sagen kann."

Am 13. September 1745 war es soweit. Ohne die Stimmen Preußens und der Pfalz, aber mit allen übrigen Kurstimmen kam die deutsche Kaiserkrone wieder an das Haus Habsburg.

Maria Theresia hatte eine persönliche Genugtuung in mehrfacher Beziehung: der von ihr so geliebte Gemahl stieg zur höchsten weltlichen Würde auf, Wien wurde wieder Kaiserstadt, und ihr Sohn Joseph konnte einmal auf die Kaiserwürde hoffen.

Die Reise zur Krönung nach Frankfurt, die einzige, die Maria Theresia über die Grenzen Österreichs hinaus unternahm, war ihr persönlicher und politischer Triumph. Ungeachtet der durch den Krieg zerrütteten Finanzen trieb sie die hierfür notwendigen drei Millionen Gulden auf und unternahm diese Fahrt mit all dem barocken Pomp, den die Zeit liebte und den sie selbst nicht entbehren mochte. Nur ihre sonst gebräuchliche Krönung als Kaiserin lehnte sie ab mit dem Hinweis auf den Umstand, daß sie wieder gesegneten Leibes sei. Es konnte aber auch der Gesichtspunkt eine Rolle gespielt haben, daß diese Krone nicht aus eigener Vollmacht, sondern aus der des Gatten gekommen wäre. Franz Stephan wäre dadurch mehr gewachsen als sie wünschte. So sehr sie ihn liebte, wußte sie doch genau zwischen Liebe und Politik zu unterscheiden.

Franz Stephan selbst vermutete, daß sie diese Würde einer Kaiserin niederer einschätzte als die Kronen Böhmens und Ungarns, die sie als Souverän trug, und daß dann die Frankfurter Krönung für sie „nichts mehr als eine Komödie wäre, die sie nicht spielen wolle". Er traf das Richtige und resignierte. Sie war zu sehr selbstbewußte Herrscherin, um eine Krone aus der Hand des Gatten zu nehmen.

Beiden war nicht die leiseste Verstimmung anzumerken, als sie einander am Main in höchst romantischer Weise trafen. Das schildert Goethe in „Dichtung und Wahrheit": „Maria Theresia traf in Aschaffenburg ein und bestieg eine Jacht, um sich nach Frankfurt zu begeben. Franz, von Heidelberg aus, denkt seiner Gemahlin zu begegnen, allein er kommt zu spät, sie ist schon abgefahren. Unerkannt wirft er sich in einen kleinen Nachen, eilt ihr nach, erreicht ihr Schiff, und das liebende Paar erfreut sich dieser überraschenden Zusammenkunft. Das Märchen davon verbreitet sich sogleich, und alle Welt nimmt teil an diesem zärtlichen, mit Kindern reich gesegneten Ehepaar."

Die rührende Geschichte hat sich allerdings nicht so zugetragen, wie Goethe sie erzählt, denn der offizielle

Bericht nennt Aschaffenburg als Treffpunkt des Paares. Sie zeigt aber, daß Maria Theresia auch schon in Deutschland von Legenden umgeben wurde, eine liebenswerte Herrscherin, noch mehr aber eine liebenswerte Frau, Gattin und Mutter, deren Bild die Herzen stärker bewegte als die Politik.

So glich auch ihre Fahrt durch Deutschland einem Triumphzug, den auszukosten sie sogar Strapazen nicht scheute. In der Krönungsstadt Frankfurt bezwang sie ihre Umgebung durch ihre strahlende, liebenswürdige Heiterkeit. Die Zusammenkunft mit der Herzogin von Braunschweig, der Großmutter Maria Theresias, die als Fünfundsiebzigjährige die Reise von Blankenburg nach Frankfurt unternommen hatte, um sich diese Sensation nicht entgehen zu lassen, wurde zu einem rührenden Familientreffen. Eine besondere Note erhielt diese Begegnung aber dadurch, daß die Großmutter Maria Theresias zugleich die der unglücklichen Preußenkönigin war, an der Friedrich II. voll Verachtung vorbeilebte.

Der Mythos des Heiligen Römischen Reiches feierte eine gespenstische Auferstehung, die selbst von dem auf Theaterszenerie in der Politik so versessenen Barockzeitalter nicht mehr recht geglaubt wurde. Schon der Beginn jenes 4. Oktober war ganz irreal: Franz Stephan ritt zum Dom im Mantel des Herzogtums Lothringen, das ihm nicht mehr gehörte; auf dem Haupt trug er die Krone des Königreichs Jerusalem, über das die Geschichte schon vor mehr als fünfhundert Jahren die Akten geschlossen hatte. Dort sollte er ein Herrschaftssymbol in Empfang nehmen, das ebenso sinnentleert war wie die beiden andern.

Maria Theresia wollte nichts versäumen. Sie sah dem Aufzug ihres geliebten Gatten vom Balkon eines Hauses am Frauenstein zu, eilte dann in den Dom, wohnte dort der Krönungszeremonie bei und war gerade wieder rechtzeitig auf ihrem Balkon, als der gekrönte römisch-deutsche Kaiser unten vorbeiritt. Er war angetan mit den Gewändern und den Insignien des Reiches: der Kaiserkrone, dem Krönungsmantel; in den Händen die Symbole einer Herrschaft, die selbst nur mehr ein leeres Symbol war.

Ein Märchenkaiser ritt vorbei, in einer Welt, die nicht mehr an Märchen glaubte. Aber Maria Theresia wollte ihr Schauspiel haben. Es war nicht ihre Natur, über die Fragwürdigkeit und Vergänglichkeit der römisch-deutschen Reichsidee zu meditieren. Sie lebte der Gegenwart, dem Glanz des Augenblicks, ohne ihn zu überschätzen und sich Illusionen hinzugeben. Sie war klug genug, in diesem Krönungszug nicht mehr als ein Schauspiel zu sehen.

Goethe läßt sich die Szene erzählen, wie sie vom Balkon auf den Zug hinuntersieht. Vielleicht ist sie zu Anfang noch von der Feierlichkeit des Augenblicks durchdrungen. Ihre Krönung in Ungarn erlebte sie seinerzeit mit tiefer, innerer Ergriffenheit. Jetzt aber erfaßt sie mit einem Male das Schimärenhafte der Situation, den grotesken Gegensatz zwischen ihrer Zeit und dem trügerischen Glanz einer längst versunkenen und fast vergessenen mittelalterlichen Welt. Ihr Sinn für Humor bricht unaufhaltsam durch, sie kann ihn nicht verbergen. „Als nun ihr Gemahl", erzählt Goethe weiter, „in der seltsamen Verkleidung aus dem Dom zurückgekommen und sich ihr sozusagen als Gespenst Karls des Großen dargestellt, habe er wie zum Scherz beide Hände erhoben und ihr den Reichsapfel, das Zepter und die wundersamen Handschuhe hingewiesen, worüber sie in ein unendliches Lachen ausgebrochen, welches dem ganzen zuschauenden Volke zur größten Freude und Erbauung gedient, indem es darin, das gute und natürliche Ehegattenverhältnis des allerhöchsten Paares der Christenheit mit Augen zu sehen, gewürdiget worden. Als aber die Kaiserin, ihren Gemahl zu begrüßen, das Schnupftuch geschwungen und ihm selbst ein lautes Vivat zugerufen, sei der Enthusiasmus und der Jubel des Volkes aufs höchste gestiegen..."

Gleich darauf durchbrach Maria Theresia das streng gehütete Zeremoniell und erzwang sich den Zutritt zu dem feierlichen Krönungsmahl, zu dem seit undenklichen Zeiten noch niemals eine Frau zugelassen worden war. Dann wurde noch zwölf Tage gefeiert. Mit großem Gefolge reiste schließlich Kaiser Franz I., wie er in der Zählung der römisch-deutschen Kaiser genannt wurde, über Heidelberg nach Ulm und von dort zu Schiff nach Wien. Wieder wurde die Donau zur Triumphstraße der Habsburger.

In Wahrheit war dies alles Maria Theresias eigener Triumph. Es war ein geborgtes Licht, das den neuen Kaiser umstrahlte. Sofern diese antiquierte Krone noch Glanz und politische Bedeutung hatte, kam sie von Maria Theresia. Sie war es, die diesen Kaiser erwählt und erhoben hatte, das Haus Österreich wurde in dieser Krone geehrt.

Siebentes Kapitel

Franz Stephan, mehr Gatte als Herrscher

Es besteht kein Zweifel, daß Franz Stephan von der Rolle eines bloßen Gemahls einer regierenden Frau bedrückt wurde. „Mitregent" in Österreich war er nur auf dem Papier, als römisch-deutscher Kaiser blieb ihm herzlich wenig zu regieren, abgesehen davon, daß er nie das Zeug dazu hatte, sich als Herrscher durchzusetzen.

Zu Beginn von Maria Theresias Regierung mochte er sich noch Illusionen hingegeben haben, etwa als er sich des Militärwesens annahm. Aber das Mißtrauen gegen ihn war auch hier sehr groß, denn Franz Stephan hatte in militärischen Dingen schon früher keine gute Figur gemacht.

Erstaunlich rasch hatte Maria Theresia am Regieren Geschmack gewonnen. Binnen kurzem hatte sie alles an sich gezogen und begann auch sehr bald, sich in die „Militaria" kräftig einzumischen. Das ging bis zu ihrer Mitsprache bei Feldzugsplänen, Ausrüstungsfragen, Bewaffnung.

Franz Stephan mußte auch hier resignieren. Dabei mag es zwischen ihm und seiner so energisch aufs Regieren erpichten Gattin zunächst so manche Szene gegeben haben. Podewils berichtet, sie habe gelegentlich Franz Stephan in sehr scharfer Weise Schweigen geboten, „indem sie ihm zu verstehen gab, daß er sich nicht in Angelegenheiten mischen solle, von denen er nichts verstände".

Er tat es, innerlich gewiß verletzt, aber mit seinem angeborenen Sinn für Takt und Rücksichtnahme, wohl auch aus einem gewissen Hang zur Bequemlichkeit. Das Urteil des Grafen Podewils über ihn, daß er wenig ehrgeizig sei, trifft den Kern der Sache. Doch kannte er Franz Stephan zu wenig, wenn er von ihm sagte, er wolle nur „das Leben genießen, es möglichst angenehm verbringen und überlasse der Kaiserin gern den Ruhm und die Sorgen der Regierung".

Die häufigen Kindbetten Maria Theresias ergaben allerdings Situationen, in denen die Ministerberichte an ihn erstattet werden mußten. Der Mangel an Vertrauen in die Durchschlagskraft solcher Berichte an den Regenten „zur linken Hand" bewog aber die Minister oft, zuzuwarten, bis sie wieder bei Maria Theresia vorgelassen wurden.

Auch in der Familie führte Maria Theresia das Regiment. Die bedeutenden Entscheidungen traf sie. Waren es harte Entscheidungen, so war Franz Stephan der Tröster und wirkte als ausgleichendes Element. Die Kinder hingen darum sehr an ihm. Nur Joseph fand in seiner eigenwilligen, ungeduldigen und abrupten Art kein Verhältnis zum Vater. Er hatte auch mehr vom Temperament der Mutter geerbt als vom Vater. Dennoch wurde Joseph später vom Tod Franz Stephans schwer getroffen.

Nur in Finanzangelegenheiten nahm man Franz Stephan für voll. Hier entfaltete er eine ausgesprochene Begabung. Dennoch kam es nie so weit, daß er die österreichische Finanzpolitik faktisch geleitet hätte. Man nahm nur seine Ratschläge an, pries sein Geschick für Finanzgeschäfte und die damals schon beginnenden industriellen Unternehmungen. So errichtete er in Mähren eine Weberei und eine Porzellanfabrik. Seine Vorliebe für Geldgeschäfte mag ihn auch bewogen haben, sich als Münzensammler zu betätigen. So wurde Franz Stephan zum Begründer des kaiserlichen Münzkabinetts, dessen Grundstock seine Sammlung bildet.

Franz Stephans Leben war durch die Ausschaltung aus der Politik inhaltslos geworden. Daher suchte er Zerstreuung und Ablenkung in Liebhabereien wie der

Sammlertätigkeit, zu der sich auch noch die Freude an Gestaltung von Gärten gesellte. Daneben war es die Jagd, die ihn immer stark fesselte. Konnte er seine Steckenpferde nicht reiten, dann verfiel er in melancholische Stimmungen. Gesellschaften bei Hof richteten ihn jedoch wieder auf, dann und wann auch ein Spiel.

Maria Theresia ließ ihm da freie Hand, sie gönnte ihm seine Unterhaltungen, damit sie um so ausschließlicher der Leidenschaft des Regierens frönen konnte. Obwohl sie ihn über alles liebte, nahm sie oft merkwürdig wenig Rücksicht auf ihn, konnte sich nicht in seine Lage versetzen, hatte nicht die Einsicht, daß der auf ein Nebengleis geschobene Gatte diesen Ausschluß von den Staatsgeschäften als Kränkung empfinden konnte. Hier war sie auch in ihrer Liebe blind, aus der sie andererseits viel Kraft und Energie schöpfte.

Gerade diese Liebe war es aber, die auch zu Konflikten zwischen den Ehegatten führte. Maria Theresia als der überlegene Charakter und als Herrschernatur sah in ihrem Gatten einen Teil ihres eigenen Selbst, eine Erweiterung ihrer Persönlichkeit. Daher konnte sie nicht dulden, daß dieser Mann da und dort doch zu einem Eigenleben tendierte. In der Politik war ihm ein Riegel vorgeschoben. Der Gesellschaftsmensch Franz Stephan war jedoch nicht so leicht im Zaum zu halten, insbesondere wenn seine Galanterie gegenüber Frauen über die Konvention hinaus ging. Eifersuchtsszenen Maria Theresias waren die Folge.

Dieses Thema war natürlich Gesprächsstoff des Hofes, unerschöpfliche Gelegenheit für Gerüchtemacher. Manches wurde wohl maßlos übertrieben. Auch wurden Zusammenhänge mit der sogenannten „Keuschheitskommission" hergestellt, einer Institution, durch die Maria Theresia nachhaltiger in die Geschichte einging als durch so manche ihrer sonstigen Leistungen.

Sicherlich war der Kaiserin daran gelegen, im Sinne einer allgemeinen Sittenverbesserung zu wirken. So befahl sie dem Grafen Königsegg, er solle darüber wachen, daß die Offiziere nicht schlechte Häuser besuchten. Sie drohte mit Beförderungssperre für alle, die in flagranti ertappt würden. Königsegg bemerkte dazu, er wäre bestimmt noch Fähnrich, wenn dieser Befehl früher ergangen wäre.

Aber zurück zu Franz Stephan, der in Gesellschaft und Salon gern die Schranken sprengte, die seiner Betätigung ansonsten gezogen waren. Bei Jagd und Geselligkeit, etwa im Schloß und auf den Gütern des Grafen Esterhàzy, tat er seiner Schwäche für schöne Frauen keine Gewalt an. Da kam es dann vor, daß sich nicht mehr alles im gesellschaftlichen Rahmen bewegte. Es wird auch von einer ernsten Neigung des Kaisers zur Fürstin Wilhelmine Auersperg berichtet, einer Tochter Neippergs, deren Schönheit bei Hof berühmt war und die auf den alternden Franz Stephan tief wirkte. Der Gatte der „belle princesse" hatte die Gabe, vor gewissen Dingen die Augen zu verschließen.

Natürlich gab das alles Anlaß zu Anekdoten und Legenden, von denen die eine bestimmt erfunden ist, daß Maria Theresia beim Tode Franz Stephans zu ihrer Rivalin gesagt haben soll: „Wir haben beide viel verloren!" Aktenkundig ist hingegen, daß Franz Stephan der Fürstin Wilhelmine in Laxenburg eine Villa hatte erbauen lassen, die Maria Theresia später von der inzwischen vom Hof Verbannten um einen sehr hohen Preis erwarb.

Die naturgegebene Bescheidenheit und gewinnende Liebenswürdigkeit Franz Stephans, der nie den Herrscher hervorkehrte, hat nicht nur diese negativen Seiten seines Wesens überdeckt, sie hat auch zu einer gewissen Unterbewertung seiner Person und seiner Begabung geführt. Der Gattin und dem Sohn wurde das erst bewußt, als er aus einem Leben geschieden war, das er stets mit einer Mischung von Würde und Menschlichkeit gelebt hatte, höchster Würdenträger des Abendlandes und zugleich Persönlichkeit voll Charme.

Achtes Kapitel

Das gerettete Österreich

Es war eine rauhe Wirklichkeit, in die Maria Theresia nach den schönen Tagen in Frankfurt zurückkehrte. Die Kämpfe in Schlesien gegen die Preußen hatten sich unglücklich entwickelt. Karl von Lothringen erfüllte die Erwartungen nicht, die Maria Theresia in ihn gesetzt hatte. Er wurde aus Schlesien verdrängt. Dazu kam, daß die englischen Truppen den europäischen Kriegsschauplatz verließen und die Spanier in Italien mit großem Erfolg eingriffen. Am 16. Dezember 1745 zogen sie in Mailand ein.

Maria Theresia faßte den Plan, die sich bildende und festigende Front ihrer Gegner durch einen Separatfrieden zu sprengen. Sie hielt sich dabei an Preußen, ihren gefährlichsten Gegner. Mit Friedrich II. kam es in Dresden zu einem Vertrag, in dem Maria Theresia abermals auf Schlesien verzichtete. Dagegen erkannte Preußen den neuen deutschen Kaiser an. Die Regelung versprach einen dauerhaften Frieden, soweit damit angesichts der Natur Friedrichs II. zu rechnen war.

Komplizierter war die Flurbereinigung in Italien. Die spanischen Truppen hielten das Land von Mailand bis Parma besetzt. Die spanischen Bourbonen planten eine gewaltige Machterweiterung auf Kosten der Habsburger. Für den Infanten Don Philipp sollte in Italien ein Bourbonenstaat errichtet werden, in den das österreichische Parma und Piacenza mit einbezogen wurde. Sardinien, das nun in einer bourbonischen Zange saß, sollte sich unter französischem Schutz mit dem neuen Staat verbünden.

Hatte Österreich in Italien ausgespielt? Hier war es entscheidend, ob das von den Savoyern klug regierte

Sardinien gegen Spanien auf die österreichische Seite träte. Karl Emanuel von Savoyen bewahrte durch eine Anlehnung an Österreich am besten die Unabhängigkeit seines Landes gegen die Übermacht Frankreichs und Spaniens. Dennoch ließ er sich seine Bundesgenossenschaft von Österreich teuer abkaufen. Sardinien schluckte Teile der Lombardei und des Herzogtums Piacenza. Für diese Gebietsabtretungen wollte sich Maria Theresia an Spanien schadlos halten, das ja durch seine Invasion in Norditalien den Frieden gebrochen hatte. Das in spanischem Besitz befindliche Königreich Neapel und Sizilien sollte Österreich zufallen. Die Kaiserin ließ sich berichten, daß dort gute Erinnerungen an die österreichische Herrschaft lebendig seien.

Es wurde also eine österreichische Armee gegen Neapel in Marsch gesetzt. Oberbefehlshaber wurde der Fürst Johann Georg Lobkowitz, nach Karl von Lothringen der zweite Mißgriff Maria Theresias. Dieser zaudernde Hofgeneral hatte Befehl, so rasch wie möglich gegen Neapel vorzurücken, blieb aber am Grenzfluß Tronto stehen, von wo ihn erst energische Befehle aus Wien weitertreiben konnten. Die Österreicher marschierten durch den Kirchenstaat wie durch ein feindliches Gebiet; hatte doch Benedikt XIV. sein Territorium den Spaniern zur Verfügung gestellt.

Obwohl nun die Spanier von Neapel aus vorrückten, blieb Lobkowitz am Nemisee untätig stehen. Von allen Seiten, auch von der trotz aller Warnungen treu zu ihm stehenden Maria Theresia gedrängt, griff er endlich die vereinigten Neapolitaner und Spanier bei Velletri an. Es wurde kein Sieg.

In Norditalien war inzwischen der Druck der Spanier gegen Piemont stärker geworden. Maria Theresia rief daher ihre Truppen von der neapolitanischen Front zurück. Die Österreicher räumten den Kirchenstaat, in dem sie von der Bevölkerung gern gesehen wurden, und die Aktion gegen Neapel wurde abgeblasen.

Nun gelang es endlich, die Kaiserin von der Unfähigkeit ihres Heerführers zu überzeugen. Lobkowitz wurde durch den Fürsten Joseph Wenzel Liechtenstein ersetzt, aber die tragische Entwicklung auf dem norditalienischen Kriegsschauplatz, die in dem Verlust Mailands gipfelte, konnte nicht mehr aufgehalten werden.

Erst nach dem Dresdner Frieden war ein Umschwung zugunsten Österreichs möglich. Bei Piacenza kam es am 15. Juli 1749 zur Entscheidungsschlacht mit einem vollen Sieg der österreichischen Truppen. Die Situation der Habsburgermonarchie in Italien änderte sich dadurch entscheidend. „Ich will hoffen", äußerte sich Maria Theresia nach diesem Sieg zum venetianischen Gesandten, „daß dieses Ereignis meine Feinde von dem Gedanken abbringen wird, mich aus Italien zu vertreiben."

Es sah auch nicht danach aus, da die Österreicher nun die mit Spanien verbündete Republik Genua bezwangen, von wo sie allerdings durch einen Volksaufstand wieder vertrieben wurden. Die Freiheitskämpfe des Risorgimento kündigten sich hier an.

Maria Theresia unternahm in Italien in weiser Bescheidung keine weiteren Aktionen mehr, wohl in der Erkenntnis, daß die Kräfte Österreichs hier unnötig verzettelt würden. Dagegen entstand in Belgien bald eine gespannte Situation, als die Engländer abgezogen waren. Doch Maria Theresia strebte energisch den Frieden an und ließ sich auf keine neuen Verwicklungen mehr ein, auch wenn sie Opfer bringen mußte. Im Hintergrund stand für sie eine allmähliche Versöhnung mit Frankreich, während ihre Sympathien für England erkalteten. Die späteren Fronten des Siebenjährigen Krieges begannen sich hier schon abzuzeichnen.

Am 18. Oktober 1748 wurde in Aachen nach langwierigen Verhandlungen Friede geschlossen. Dies war der letzte Akt des um die österreichische Erbfolge geführten Krieges. Der österreichische Verhandlungsführer hieß Wenzel Graf Kaunitz, und mit seinem Namen ist der glänzende Aufstieg der österreichischen Diplomatie verbunden.

Die von Frankreich, Preußen, Spanien und Bayern – um nur die wesentlichsten Gegner zu nennen – berannte Festung Österreich hatte sich behauptet. Maria Theresia hatte Opfer gebracht: in Deutschland Schlesien, in Italien Parma und einen Teil der Lombardei, aber sie stand am Schluß als Siegerin da. Die deutsche Kaiserkrone war dem Haus Habsburg zurückgewonnen, Österreich blieb dadurch in Deutschland, Preußen war nach großen Opfern in seine Schranken verwiesen, Frankreichs Deutschlandpolitik war zwar gescheitert, aber ein besseres Verhältnis zu Österreich war angebahnt. Mit Bayern hatte sich Österreich arrangiert. Ganz Europa aber bewunderte eine mutige und entschlossene Frau.

Zweiter Teil

Erstes Kapitel

Kaiserin und Frau

Einunddreißig Jahre war Maria Theresia alt, als sie diesen unseligen Kampf um die österreichische Erbfolge mit der Behauptung der Habsburgermonarchie abschließen konnte. Ganz Europa hatte diesen Kampf verfolgt, in dem sie mehr und mehr Bewunderung und Sympathien erregte, obwohl in der damaligen Zeit die Bildung einer öffentlichen Meinung nur in sehr beschränktem Maße zustande kam. Die Kabinettspolitik, der Länderschacher zwischen einigen wenigen fürstlichen Familien und Regierungshäuptern, in deren Händen sich allzuviel Macht ballte, schloß eine gerechte Wertung des Menschen Maria Theresia nahezu aus. Man sah in ihr nicht mehr als die Repräsentantin eines Österreich, das man liquidieren wollte. Aber das erwachende und zu politischem Urteilsvermögen heranreifende Bürgertum beobachtete diese regierende Frau, nahm das Ungewöhnliche ihrer Persönlichkeit wahr, begann Partei zu ergreifen. In den habsburgischen Ländern wurde sie bald bis in die tiefen Schichten des Volkes hinab zu der verehrten Gestalt einer fürsorglichen Landesmutter.

Wie sah und deutete sie selbst sich in ihrer Rolle als Herrscherin? „Ich wäre mit Freuden Großherzogin von Toskana geblieben", war ihre Antwort auf diese Frage, „wenn ich geglaubt hätte, daß Gott es wollte. Weil er mich aber zu dieser großen Last der Regierung auserwählt hat, so habe ich es mir zum Prinzip gemacht, so lange ich noch einen Ausweg finden würde" – die Worte sind auf die prekäre Situation beim Regierungsantritt gemünzt – „und Hilfsmittel vorhanden waren, diese anzuwenden; denn dies zu tun, bin ich schuldig."

Mit verzweifeltem Mut, der ihrem unbegrenzten Gottesvertrauen entsprang, hat sie ihr hohes Amt übernommen. Eine solche Auffassung befähigte sie, jedermann frei ins Antlitz zu sehen. Der schrecklichen Wirklichkeit ihrer Situation war sie sich bewußt und trat ihr mit Wahrheit und Ehrlichkeit entgegen. Das und nicht Lügen noch Winkelzüge waren ihre Waffen in der feindlichen Welt.

Vielleicht liegt das Geheimnis ihrer Wirkung darin, daß sie sich jederzeit ohne Verstellung so geben mußte, wie sie war, in einer geradezu entwaffnenden Ehrlichkeit. Etwas ungemein Gewinnendes lag in ihrem Wesen. Dabei entfaltete sie auch die Kunst, schwierige Menschen wie etwa Bartenstein oder Kaunitz richtig zu behandeln. Sie ging auf sie ein, unterwarf sich bis zu einem gewissen Grad ihren Marotten und belohnte geleistete Arbeit mit einer ganz persönlich ausgedrückten Dankbarkeit und Sympathie, die oft viel schwerer wog als materielle Geschenke, mit denen sie übrigens auch nicht knauserte.

Maria Theresia war keine Freundin höfischer Förmlichkeiten. Die Etikette war für sie eine Fessel, die sie bedrückte. Wo es ging, suchte sie der Etikette ein Schnippchen zu schlagen. Besonders als junge Herrscherin hatte sie kein Verständnis für das abgezirkelte Getue des Zeremoniells. Sie war ein viel zu natürlicher und naiver Mensch, um sich Schranken aufzuerlegen, um höfische Formen zu kultivieren. Vergeblich waren hier die Mahnungen ihres Obersthofmeisters, Fürst Johann Joseph Khevenhüller, der in der Etikette einen Schutzwall sah, der dem absoluten Herrscher den Nimbus des Gottesgnadentums bewahren konnte.

Maria Theresia war als Herrscherin und als Mensch das Kind einer neuen Zeit. Zwischen ihr und ihren Untertanen gab es keine starren Grenzen, für sie waren die Untertanen bisweilen Gegenstand mütterlicher Gefühle. In dieser Sicht wurde das Volk zu einer einzigen großen Familie, es stand im Wirkungsradius eines ständig in große Dimensionen ausgreifenden Ichs, das die Berechtigung und die Verpflichtung zu solchem Tun im Auftrag des Gottesgnadentums fand. In diesem Punkt waren Herrscherin, Frau und Mutter eins.

Formelle Schranken wurden bei einer solchen Einstellung wesenlos, zeremonielle Formen verloren ihren Sinn, wofern nur ihre Negierung nicht der Autorität Abbruch tat. Auch Kaiser Franz war hierin kein Anhänger Khevenhüllers, und zwar aus Motiven, die in der Natürlichkeit seines Charakters lagen.

Maria Theresia verkörpert schon den Typ des Souveräns, der nicht mehr die rücksichts- und schrankenlose Macht ausübt, sondern mit seinem hohen Amte ein Wohlfartsdenken verbindet, in dessen Bereichen dann ihr Sohn Joseph, wie Friedrich von Preußen, der erste Diener seines Staates sein will. Vor einer solchen Einstellung zum Herrscheramt konnte die Abschirmung des Monarchen durch das spanische Hofzeremoniell, das noch Karl VI. hochhielt, nicht mehr bestehen.

Manchmal geht Maria Theresias Temperament mit ihr durch. Sie kann dann sehr heftig werden und ihre Umgebung anherrschen. Vor allem hat Franz Stephan unter solchen Ausbrüchen zu leiden. Daß es mitunter auch zu Eifersuchtsszenen kam, hatte seinen Grund weniger im Verhalten des Gatten als der grenzenlosen Liebe Maria Theresias zu ihm. Harmlosen Schwärmereien des Kaisers für schöne Frauen unterschob sie leicht eine Bedeutung, die ihnen gar nicht zukam. Derartige Vorwürfe prallten jedoch an seiner grenzenlosen Gutmütigkeit ab. Auch wenn er an einem Zerwürfnis ganz unschuldig war, bot er immer als erster die Hand zur Versöhnung.

Maria Theresia litt unter jeder Trennung von Franz Stephan, sei es, weil sie seiner Nähe nicht entbehren konnte, sei es aus dem Bedürfnis, ihn zu überwachen.

Seiner Reiselust setzte sie ein großes Beharrungsvermögen entgegen. Ihr lag nichts daran, fremde Länder zu sehen und kennenzulernen, die vielen Reisen des Gatten und später des Sohnes mißfielen ihr.

Das musterhafte eheliche Leben, das fast dreißig Jahre währte, ist für die Fürstenhäuser der damaligen Zeit sehr ungewöhnlich. Schon unter Ludwig XIV. hatte am französischen Hof die Mätressenwirtschaft begonnen, die anderen Höfe eiferten diesem Brauch nach, besonders die deutschen. Die Zustände etwa am Hof Karl Eugens von Württemberg sind aus der Jugendgeschichte Schillers nur allzu bekannt. Maria Theresia und Franz Stephan hingegen hielten auf eine „ménage bourgeois", wie der preußische Gesandte Podewils geringschätzig bemerkte. Zur gegenseitigen Liebe der Ehegatten gesellte sich die aufrichtige Liebe zu den Kindern und der Kinder zu den Eltern. Franz Stephan ergänzte dieses musterhafte Familienleben als verständnisvoller und liebender Vater.

Über das Äußere Maria Theresia haben wir eine Schilderung des Gesandten Podewils aus dem Jahr 1747 – die Kaiserin war damals dreißig Jahre alt. „Ihr Wuchs ist eher über als unter Mittelgröße. Er war vor ihrer Heirat sehr schön, aber die zahlreichen Geburten, die sie durchgemacht hat, dazu ihre Körperfülle haben sie äußerst schwerfällig werden lassen. Trotzdem hat sie einen ziemlich freien Gang und eine majestätische Haltung. Sie hat ein rundes, volles Gesicht und eine freie Stirn. Die gut gezeichneten Augenbrauen sind, wie auch die Haare, blond, ohne ins Rötliche zu schimmern. Die Augen sind groß, lebhaft und zugleich voll Sanftmut, wozu ihre Farbe, die von einem hellen Blau ist, beiträgt. Ihr Gesichtsausdruck ist offen und heiter, ihre Anrede freundlich und anmutig. Man kann nicht leugnen, daß sie eine schöne Person ist. Ihr Geist ist lebhaft, durchdringend, fähig, sich mit Regierungsgeschäften zu befassen. Sie hat ein sehr glückliches Gedächtnis und viel Urteil. Sie kann sich so gut verstellen und zusammennehmen, daß es schwer ist, nach ihrem Gesicht und ihrer Haltung zu beurteilen, was in ihrem Inneren vorgeht."

Maria Theresia hat die sehr unfrauliche Eigenschaft, nur wenig eitel zu sein. „Die Kaiserin wendet nicht die Sorgfalt anderer Frauen auf ihren Putz. Ihre Kammerfrauen entscheiden über ihren Anzug", berichtet 1752 ein sächsischer Edelmann. Die Toilette beschäftigt sie wenig und nimmt in ihrer Tageseinteilung kaum Platz ein. Mehr nimmt schon das Essen in Anspruch. Maria Theresia war zu allen Zeiten ihres Lebens eine Freundin guten Essens und Trinkens und schätzte vor allem Kaffee.

Die junge Herrscherin war zunächst nicht sehr eifrig bei der Arbeit. Das Aktenstudium, die Vorträge der Minister nahmen aber von Anfang an die Zeit von etwa zehn Uhr vormittags bis ein Uhr und von vier Uhr nachmittags bis abends ein. Um halb neun Uhr war Abendessen, und dann huldigte die Kaiserin dem Vergnügen: der Musik, dem Tanz und dem Spiel.

Zum Unterschied von ihrem Vater hatte Maria Theresia nur eine durchschnittliche musikalische Begabung. Sie liebte jedoch den Gesang. Mehr noch war sie eine leidenschaftliche Tänzerin. Mühelos tanzte sie in jungen Jahren ganze Nächte durch. Einmal soll sie zwanzig Stunden ununterbrochen getanzt haben. Instinktiv suchte sie dadurch in der Bewegung Ausgleich für ein Dasein, das sie mehr und mehr an den Schreibtisch fesselte.

Auch liebte sie es sehr auszureiten. Spazierritte sind, so berichtet Podewils, ihr bevorzugtes Vergnügen. „Dabei reitet sie so schnell, daß es zum Fürchten ist. Der Kaiser und mehrere andere haben vergebens versucht, sie davon abzubringen. Zu den ungarischen Krönungsfeierlichkeiten mußte sie reiten lernen. Sie setzte diesen Sport zuerst aus politischen Gründen fort, da sie bemerkt hatte, daß die Ungarn sehr viel Freude daran hatten, sie zu Pferd zu sehen. Zuletzt fand sie einen so großen Gefallen am Reiten, daß es tatsächlich jetzt eines der größten Vergnügen für sie bedeutet. Sie reitet einmal auf ein Landgut, ein andermal, um bei Privatleuten zu frühstücken oder Kaffee zu trinken. Sie geht auch viel zu Fuß spazieren, manchmal drei bis vier Stunden hintereinander."

Dieser Lebensstil war für eine Frau der damaligen Zeit ungewöhnlich. Maria Theresia erregte damit bei ihrer in verknöcherten Zeremoniellvorstellungen verharrenden Umgebung Kopfschütteln, besonders bei ihrem Mentor, dem Grafen Silva-Tarouca. Aber das einfache Volk sah sie gern, wenn sie ausritt, und jubelte ihr zu.

Besondere Vorliebe hatte sie für Reitpartien und Karussellfahrten. Im Winter 1742/43 verheimlichte sie sogar eine Schwangerschaft, um ja nicht ein „Frauen-Karussell" zu versäumen. Wir haben genaue Beschreibungen über Karussellfahrten mit reitenden und fahrenden Quadrillen, bei denen Maria Theresia nicht etwa nur zusah, sondern selbst mittat. Ihr Aussehen zu Pferd, ihre Toilette wird genau beschrieben, etwa der purpurgefärbte Reitrock, das goldbestickte Zaumzeug und die Schabracke. Beim Waffenspiel mit der Lanze, beim Fechten und dem Spiel mit den Türkenköpfen, die zu treffen waren, entfaltete sie nicht nur eine glänzende Körperbeherrschung und sportliches Geschick, sie brachte auch die Anmut und Eleganz ihrer Erscheinung voll zur Geltung.

Auch Maskenfeste liebte Maria Theresia leidenschaftlich. Die Sünden, die sie sich da gegenüber den Vorschriften der Etikette leistete, trieben deren Hütern die Haare zu Berg. So war es ihr höchstes Vergnügen, sich maskiert unter die Gäste zu mischen und von ihnen „verkannt" zu werden, zu ihrem Leidwesen allerdings nie sehr lange. Dennoch gelang es ihr einmal, sogar den Kaiser zu täuschen. Ein anderes Mal arrangierte sie eine „Harlekinade". Dazu verkleidete sie sich mit zweiunddreißig anderen jungen Frauen als Harlekin. Dann warteten sie zusammen, alle in völlig gleichen Kostümen, noch dazu bei spärlicher Kerzenbeleuchtung, auf dreiunddreißig Kavaliere, von denen sich jeder rasch einen maskierten Harlekin aneignen mußte, um mit ihm in den strahlend erleuchteten Ballsaal zurückzukehren. Unter diesen so verschärften Bedingungen geriet Maria Theresia zu ihrer Zufriedenheit unerkannt in die Hände eines jungen Grafen.

Gern gab sich Maria Theresia den geistigen und leiblichen Genüssen geselliger Tafelfreuden hin. Damals war noch die Sitte zeremonieller Hoftafeln üblich, bei denen jedermann zusehen durfte. Bei Kaiser Franz war diese Einrichtung nicht beliebt, er gab sich, jedem Zeremoniell abhold, gern ungezwungen. Er traf sich hier mit seiner Gattin. Beide luden gern einen begrenzten intimen Kreis zu einem privaten Essen ein. Regelmäßige Gäste waren hier Schwager Karl von Lothringen mit seiner Familie, Daun mit Familie, natürlich „die Fuchsin" und noch einige andere Verwandte und Angehörige des engeren Hofkreises. Im Winter kam man in der Hofburg, im Sommer in Schönbrunn zusammen.

Geistreiche Konversation war beliebt, der Kaiser selbst hielt sie als gewiegter Charmeur in Gang. Ein solches Essen zog sich durch Stunden hin. Im Sommer übersiedelte man bei schönem Wetter von Schönbrunn nach Laxenburg, wo Franz Stephan sich auch seiner Jagdleidenschaft ergeben konnte. Daun erwarb dort ein Sommerhaus, um der kaiserlichen Familie möglichst nahe zu sein. Zwischen ihr und der Familie Graf Launs, der eine Tochter der Gräfin Fuchs geheiratet hatte, entstand ein inniges Freundschaftsverhältnis. Das Kaiserpaar war auch öfter bei Daun zu Gast, man fuhr auch zusamnmen in die Militärakademie nach Wiener Neustadt, um sich dort die kleinen Kadetten vorführen zu lassen oder beim Unterricht zuzuhören.

Eine andere Leidenschaft Maria Theresias galt dem Spiel. Auch hier war ihr Gatte eines Sinnes mit ihr und konnte selbst durch hohe Verluste – er verlor einmal dreißigtausend Dukaten – nicht von dem Spielteufel geheilt werden. Maria Theresia ging sogar so weit, das Hasardspiel allgemein zu verbieten, ihm aber trotzdem im vertrauten Kreis von Schönbrunn zu frönen. Erst 1757 hat sich die Kaiserin plötzlich entschlossen, Glücksspiele am Hof abzustellen.

In späteren Regierungsjahren wandelte sich der Lebensstil der Herrscherin. Ihr hochentwickeltes Pflichtgefühl gebot ihr, angesichts der wachsenden Arbeit und der Sorgen um die Regierung sich mehr als bisher den Staatsgeschäften zu widmen. Jetzt kam sie kaum mehr vom Schreibtisch weg und leistete sich nur selten eine Zerstreuung oder einen Spaziergang.

Ihr Arbeitseifer wuchs mit den Jahren immer mehr an. Dabei zeigte sie aber insofern wenig Disziplin, als es ihr nie gelang, Wichtiges von Unwichtigem zu unterscheiden. So wurde ihr „Regieren" uferlos, weil sie immer wieder versuchte, sich in die nebensächlichsten Dinge hineinzumischen und durch eigene Entscheidungen einzugreifen. Ein Beispiel ist etwa die persönliche Behandlung eines Bittgesuches der Witwe Katharina Weltischhofer aus dem Jahre 1760, die angesichts dreier unversorgter Töchter von fünfzehn, zwanzig und vierundzwanzig Jahren um eine Ausstattung für die Jüngste bittet. Die Kaiserin entscheidet durch eigenhändigen Aktenvermerk: „Das Mensch soll arbeiten."

Von Arbeit und Pflichten immer mehr in Anspruch genommen, mußte Maria Theresia in zunehmendem

Maße auf Vergnügungen verzichten. Dicht aufeinanderfolgende Schwangerschaften zwangen sie, auch ihre sportliche Betätigung einzuschränken. „Für mich gibt es keine Zerstreuung mehr", stellte sie bitter fest.

Nach dem Tod des geliebten Gatten ging Maria Theresia immer mehr in ihrer Pflichtenwelt auf, doch tat sie ihre Arbeit, wie sie sich selbst eingesteht, freudlos, „ohne inneren Auftrieb, unvernünftig. Ich vergesse alles. Um fünf Uhr früh stehe ich auf, lege mich spät zu Bett und bringe doch den langen Tag über nichts vorwärts. Ich denke nicht einmal mehr. Meine Lage ist fürchterlich."

Sie hat auch Augenblicke, in denen sie verzagt und mutlos ist, nicht nur in jener schwersten Stunde ihres Lebens, als ihr mit dem Gatten ein Stück ihres eigenen Selbst verlorengeht. In den ersten Regierungsjahren sahen wir sie ungebrochen, trotz der schweren Schicksalsschläge und obwohl sie gerade damals bei ihren Beratern keine Hilfe fand, denn die waren noch viel mutloser als sie. Aber die Monarchin fand immer wieder einen festen Halt in ihrem bedingungslosen Glauben, ihrem grenzenlosen Gottvertrauen. Damit kommen wir auf jenen Bereich zu sprechen, der in Maria Theresias Leben eine überragende Rolle spielt, der für ihr politisches Handeln ebenso bestimmend ist wie für ihr Verhalten in der Familie. Sie hat keine Zeile niedergeschrieben, die nicht davon Zeugnis gäbe.

Von Maria Theresias tiefer Religiosität zeugt etwa die „Verhaltungs-Vorschrift – jeden Monat zu lesen", die sie der Tochter Marie Antoinette nach Versailles schickte. „Beim Aufwachen werden Sie sofort nach dem Aufstehen knieend ihr Morgengebet verrichten und etwas Religiöses lesen, und sei es nur für eine halbe Viertelstunde, noch bevor Sie sich mit etwas anderem befaßt oder mit jemand gesprochen haben. Alles hängt von dem guten Beginn des Tages und der Verfassung ab, in der man ihn beginnt, was sogar gleichgültige Handlungen gut und verdienstvoll machen kann. Das ist ein Punkt, in dem Sie sehr genau sein müssen; seine Beachtung hängt nur von Ihnen ab und kann für ein Glück hienieden und im Jenseits bestimmend sein. Das gilt auch von den Abendgebeten und der Erforschung des Gewissens; doch wiederhole ich nochmals, daß die Morgengebete und die kurze religiöse Lektüre am wichtigsten sind. Sie werden mir immer mitteilen, welches Buch Sie zur Hand haben. Sie werden sich während des Tages so oft als möglich frommen Gedanken hingeben, besonders aber während der heiligen Messe. Ich hoffe, daß Sie sie jeden Tag mit Erbauung hören werden, und an Sonn- und Feiertagen sogar zweimal, sofern es an Ihrem Hofe Brauch ist... Lesen Sie kein Buch, selbst ein gleichgültiges nicht, ohne vorher von Ihrem Beichtvater die Zustimmung erlangt zu haben. Das ist in Frankreich ein um so wichtigerer Umstand, weil man dort ununterbrochen Bücher voll Unterhaltung und Wissen verkauft, unter denen es jedoch unter diesem achtungsvollen Schein solche gibt, die für die Religion und die Sitten sehr schädlich sind. Ich beschwöre Sie also, meine Tochter, ohne Zustimmung Ihres Beichtvaters kein Buch und auch keine Broschüre zu lesen..."

Ihr Verantwortungsgefühl als Regentin ruht tief in dieser Religiosität. Sie ist im tiefsten Sinne des Wortes eine Herrscherin „von Gottes Gnaden", weil sie immer aus der Gnade Gottes lebt und handelt. Sie weiß, daß ein Souverän in ihrer Stellung viel Gutes, aber noch viel mehr Schlechtes tun könne. „Unsere Fehler sind niemals klein, sie ziehen viele Folgen nach sich und eine große Schuld, für die wir Gott Rechenschaft ablegen müssen", heißt es in der „Generalinstruktion" an den Sohn Leopold.

Glaube, Gottvertrauen und Gottesfurcht sind für sie eine Art von Garantie für eine glückliche Herrschaft. „Alles Gute kommt unwidersprechlich von Gott als dem Ursprung aller Gnaden", heißt es in einer Denkschrift. „Sehr selten oder doch nicht auf lange segnet er die Ratschläge derjenigen, die wenig Religion und Gottesfurcht haben. Ich kann nicht umhin, meine Nachfolger wohlmeinend zu erinnern, dem Beispiele ihrer Vorfahren auf das sorgfältigste nachzugehen, folglich in allen Begebenheiten ihr wahres Vertrauen und ihre gänzliche Zuversicht auf Gott und die von ihm zu erhoffende kräftigste Unterstützung vor allen Dingen und jederzeit zu setzen und in allem eine reine Meinung ohne Nebenabsicht zu hegen."

Dieses Gottvertrauen ist ihr Trost in trüben Augenblicken. Bei keiner Gelegenheit versäumt sie es, Gott anzurufen, seine Hilfe zu erflehen, ihm zu danken. Sie achtet und liebt die Diener der Kirche, auch dann, wenn sie ihnen als Herrscherin – besonders mit Hilfe van Swietens – Grenzen setzt. Niemals hat sie sich ihre landesfürstlichen Rechte von der Kirche beschneiden lassen. Darum hat sie auch die staatskirchlichen Neigungen ihres Sohnes mit Sympathie verfolgt.

Auf dem Gebiet des Glaubens war sie aber mit dem Sohn immer uneins. Ihre Strenggläubigkeit machte sie geradezu unduldsam. Vor allem die Protestanten hatten darunter zu leiden. In einer Zeit, die in religiösen Belangen längst anders dachte, bekam Maria Theresia noch gegenreformatorische Anwandlungen und ging zu Nötigungen und Gewissenszwang über. Dabei zeigte sie eine Härte, die sonst an ihr fremd ist. Verständlich wird das nur durch die Sorge der Mutter, ihre Kinder, ihre Landeskinder, könnten vom Glauben abirren und dadurch der Hölle anheimfallen.

Auch bei ihrer engeren Umgebung hat Maria Theresia durch ihren religiösen Pflichteifer oft unliebsames Aufsehen erregt. Das begann mit der Verfolgung jeder Lektüre, die nicht der religiösen Erbauung diente, und vor der Maria Theresia in endlosen brieflichen Ermahnungen ihre Kinder warnte oder die sie mit strengen Verboten belegte. Eine andere für ihre Umgebung lästige Gewohnheit der Herrscherin war es, die Beichtzettel, also die vom Beichte hörenden Priester ausgestellten Bestätigungen über die abgelegte Beichte, zu kontrollieren. Sogar Kaunitz glaubte, sich hierin Maria Theresia unterwerfen zu müssen, und schickte ihr, da er wegen Krankheit an dem gemeinsamen Sakramentenempfang des Hofes am Gründonnerstag 1774 nicht teilnehmen konnte, seinen Beichtzettel. Darauf schrieb ihm die Herrscherin gnädig: „Sie dienen mir viel zu gut, als daß ich zweifeln könnte, daß Sie ein Gleiches unserem gemeinsamen Herrn gegenüber tun, indem Sie Ihre Pflichten mit ebensoviel Treue als Anhänglichkeit erfüllen." Dann aber unterstreicht sie doch die Wichtigkeit des Beichtzettels auch in seinem Fall: „Ich bin Ihnen dankbar, daß Sie mir den Beichtzettel geschickt haben, und ich hoffe, daß wenn wir im künftigen Jahre noch leben, wir uns dort (beim gemeinsamen Sakramentenempfang) wiederfinden werden."

Neben diesem religiösen Eifer tritt hier auch ein Geist der Bevormundung zutage, der entschieden zu den charakterlichen Schattenseiten der Kaiserin gehört, eine Sucht, ihre ganze Umgebung zu dem zu bekehren, was sie als allein selig machend empfand. Das wirkte sich dann im Bereich der Regierung durch Kleiderordnungen, Gesetze gegen den Luxus, aber auch durch die so berüchtigte „Keuschheitskommission" aus, von der allerdings nur Anspielungen Podewils' und Khevenhüllers, aber kaum Aktenunterlagen zu uns gelangt sind. Doch diese fragwürdige Institution paßt zu gut in das Gesamtbild der Persönlichkeit, als daß wir an ihrer Existenz zweifeln könnten.

Es war nicht zuletzt auch Joseph, den sie mit diesen Dingen vergrämte. Wie in vielem, konnte der Sohn die Mutter auch hierin nicht verstehen, dieser ungläubige

Skeptiker, in dessen geistiger Schublade schon das „Toleranzpatent" schlummerte. Gerade hier wird der Generationswechsel von der Mutter zum Sohn förmlich zu einem Abgrund; hier scheiden sich die Geister und die Zeiten. Nach Maria Theresias Tod kommen Christentum, praktisch gelebtes und in die Tat umgesetztes Christentum, und das politische Handeln absolutistischen Herrschertums nie mehr zur Deckung. Die Zeit der Statthalter Christi auf Erden geht mit Maria Theresia zu Ende.

Zweites Kapitel

Friedensjahre

Den so sehnlich herbeigewünschten Frieden hat Maria Theresia erreicht. Es beginnt zunächst für sie eine Zeit der Gewissenserforschung. Was hat sie selbst falsch gemacht bei der Lenkung des habsburgischen Staatsapparates, den sie gegen eine Übermacht verteidigen mußte – und erfolgreich verteidigte? Was war aber noch seit der Regierung ihres Vaters faul im Staate Österreich?

Sie hat sich bisher, von außenpolitischen Problemen und Kriegshandlungen bedrängt, kaum mit der österreichischen Innenpolitik befassen können. Jetzt stürzt sie sich mit dem ihr eigenen leidenschaftlichen Eifer in die Materie, unterstützt von ihrem überwachen Intellekt, von ihrer Gabe, sich in alles blitzschnell einarbeiten zu können, aber auch von einem sehr stark ausgebildeten sozialen Verständnis. Dabei muß man ihre außerordentlichen staatsmännischen Leistungen auf dem Gebiet der Innenpolitik immer wieder vor den Hintergrund ihrer eigenen Erziehung stellen, durch die Maria Theresia nicht im mindesten auf solche Aufgaben vorbereitet worden war.

Was ihr besonders hilft, ist ihr kritischer Sinn, ihr scharfer Blick für Schwächen in Regierung und Verwaltung. Der vom Vater übernommene Apparat wird einer strengen Prüfung unterzogen, wobei auf den von der früheren Regierung übernommenen Bartenstein sicher auch ein Arbeitsanteil entfällt. Aber Maria Theresia sieht tiefer, sie geht auf den Grund der Herrschaftsstruktur dieses Staates. Ein politisches System, das sich nur auf den hohen Adel und die hohe Geistlichkeit als Amtsträger stützt, ist nach Ansicht der Herrscherin deshalb abzulehnen, weil diese Amtsträger ihre Macht für die eigene Tasche mißbrauchen können. Was sie erstrebt, ist eine breitere – man könnte fast sagen demokratische – Grundlage.

Besonders kraß zeigt sich das im Steuersystem. Wie in anderen Ländern verstanden es Adel und Geistlichkeit, die eigentlich besitzenden Stände des Reiches, jedem Steueraufkommen zu entgehen und die ganze Steuerlast auf die sozial tieferstehenden und ärmeren Schichten, das Bürgertum und die Bauern, abzuwälzen. Über die Einhaltung dieses ungerechten Systems wachten die Stände, die Vertretungen der Länder, die sich wieder einseitig aus Adel und Geistlichkeit zusammensetzen. Privilegien und althergebrachte Rechte verfestigten den ungerechten Zustand, der zum Beispiel in Frankreich zu einem der maßgebenden Gründe für den Ausbruch der großen Revolution wurde.

Maria Theresia war im Grunde konservativ gesinnt, eine Anhängerin des Althergebrachten, eine Wahrerin der Privilegien, durch deren Aufhebung sie sich ins Unrecht zu setzen meinte. Wie so oft, hemmte ihr Gerechtigkeitssinn sie auch hier; hatte sie doch diese Rechte bei ihrem Regierungsantritt feierlich beschworen und bestätigt. Dennoch konnte sie vor der Notwendigkeit von Reformen die Augen nicht verschließen, auch wenn ihre Minister, die ja alle auf dem Ast saßen, der durch Reformen abgesägt werden sollte, nach besten Kräften bremsend wirkten.

Die Ablösung dieser ersten Ratgebergarnitur durch eine neue bringt nun doch allmählich eine gewisse Lockerung und bereitet den Boden vor für das Reformwerk. Graf Friedrich Wilhelm Haugwitz ist hier zu nennen, ein gebürtiger Sachse, der vor den Preußen aus seinen schlesischen Gütern fliehen mußte und darum nicht zu der besitzenden Schicht gehörte, der es bei den Reformen an den Kragen ging. Von ihm stammte ein Plan der Reform des ganzen Steuerwesens, in der die Stände zu höheren Steuerleistungen und zu einer gerechten Verteilung der Lasten, also auch auf Adel und Geistlichkeit, verpflichtet werden sollten.

Nach langen inneren Kämpfen entschied sich Maria Theresia für diese Reform. Sie brach den heftigen Widerstand, besonders der niederösterreichischen Stände. Die Steuerreform wurde nach und nach in allen Ländern eingeführt. Besonders hartnäckigen Widerstand leistete dabei Tirol, mit dessen Bewohnern sich Maria Theresia zeitlebens nicht verstanden hat – „die garstigen Tiroler", heißt es in einem Brief. Gegen solche Widerstände ging die Kaiserin sehr diktatorisch, „jure regio" vor.

Die wesentlich höheren Mittel, die durch die mit großer Strenge betriebene Steuerreform aufgebracht wurden, kamen zuallererst dem Heer zugute. Man sollte meinen, daß Maria Theresia als Frau diese Materie fremd war und daß sie sich hier ganz auf ihre Ratgeber oder ihren Gemahl verließ. Dem war nicht so. Von ihrem gesunden Menschenverstand geleitet, spürte sie bald Schwächen und Widersprüche auf, die sie gegen die militärischen Fachleute mißtrauisch machten. Ohne Scheu brach sie in deren streng behütete Ressorts ein, um die Abstellung offenkundiger Mißbräuche und Fehlleistungen zu verlangen und durchzusetzen. „Meine Sorgfalt ist dahin gerichtet, daß bei meinen Truppen eine gleichförmige Ausbildung und eine richtige militärische Disziplin eingeführt wird. Ein jeder machte eine andere Bewegung, auf dem Marsche, beim Exerzieren und sonstwie, einer schoß geschwind, der andere langsam. Die gleichen Worte und Befehle wurden bei dem einen so, bei dem andern wiederum anders gedeutet, und es ist wahrhaft kein Wunder, wenn zehn Jahre vor meinem Regierungsantritt der Kaiser allzeit geschlagen wurde, und es ist nicht zu beschreiben, wie ganz anders nachher das Militär befunden wurde."

Allein diese Stelle ihrer Denkschrift zeigt, wie sehr sich Maria Theresia in diese für eine Frau so fremde oder gar abstoßende Materie vertiefte. Schon in ihren ersten Regierungsjahren hatte sie von ihren Heerführern negative Eindrücke gewonnen. Das galt besonders für Neipperg und Karl von Lothringen. In zahlreichen Briefen suchte sie ihre Feldherren anzutreiben, gab ihnen genaue Anweisungen, die ihr großes Verständnis für die strategische Lage verrieten. Graf Podewils vermutet sogar, sie habe die ernste Absicht gehegt, persönlich ihre Armee zu führen.

Sie sah sich selbst als „Mutter" ihrer Soldaten und unternahm wiederholt Besichtigungsreisen in die Feldlager. So reiste sie im August 1749 mit dem Kaiser und Daun in das Lager von Hollitsch. Auch der junge Erzherzog Joseph, schon früh für militärische Dinge begeistert, begleitete sie. Der Tag endete mit einem Besuch des kaiserlichen Fasangartens und mit einem Spaziergang. Abends sah man sich noch ein Theaterstück an. Am nächsten Tag nahm Maria Theresia eine Parade ab. Fünf Infanterieregimenter und ein Kürassierregiment waren aufgestellt und erwarteten das Kaiserpaar. Maria Theresia war in einen offenen Landauer umgestiegen, um besseren Ausblick zu haben, der Kaiser, Daun und das übrige Gefolge begleiteten den Wagen zu Pferde. Als der Kaiser bei seinem Leibregiment angekommen war, verließ er die Suite und stellte sich an die Spitze seines Regiments, um seine Frau salutierend zu grüßen. Es war das ein Akt der Höflichkeit, der aber von einigen Hofleuten mißverstanden wurde. Sie bekrittelten, daß eine solche Art der Begrüßung für einen römisch-deutschen Kaiser unwürdig und eine unanständige „Submission" sei. Dann begab man sich zu einem Zelt, um von dort aus den Übungen zuzusehen. Volle zwei Stunden bewunderte Maria Theresia, in großer Hitze ausharrend, die Exerzierbewegungen der Truppen.

Wie sehr sich die Kaiserin auch um Einzelheiten des Heerwesens kümmerte, zeigt ein Schreiben an den Hofkriegsrat vom Juli 1753: „Es wäre auch nötig, ein Rundschreiben an alle kommandierenden Generäle zu erlassen, daß sie ernstlich wiederum erneuern den Befehl, daß kein Offizier sich unterstehen soll, einen Gemeinen mit einem Stock oder mit dem Degen zu berühren, noch weniger zu schlagen, bei sonstiger Entlassung."

Die Ordnung der Finanzen nach Kriegsende 1748 ermöglichte die Bildung von Geldreserven für den Fall eines feindlichen Einbruchs, um die dadurch entstehenden Kriegskosten zu decken. Daneben wurde die Staatsschuld abgezahlt und die Staatsfinanzen in Ordnung gebracht, wobei sich der kaiserliche Gemahl mit seinem Finanzinstinkt als eine große Hilfe erwies. Allmählich konnte Maria Theresia ihm und Haugwitz das ganze Finanzwesen, das sie wenig interessierte, überlassen. Höchstpersönlich sah sie nur darauf, daß in der Hofhaltung keine Verschwendung einriß. Ohne ihre Unterschrift durften da „auch nicht zehn Gulden passieren".

Die allmähliche Gesundung der Staatsfinanzen erlaubte Maria Theresia auch, einer Lust zu frönen, die sie mit vielen anderen Souveränen der Zeit gemeinsam hatte: der Baulust. Hier muß ihre Lieblingsschöpfung genannt werden: das Schloß Schönbrunn, ein von Kaiser Maximilian II. um die Mitte des sechzehnten Jahrhunderts erworbenes Jagdschloß, das 1683 beim Türkeneinfall außerhalb der Verteidigungslinie Wiens lag und bei der Belagerung völlig zerstört wurde. Unter Leopold I. nach einem Projekt Fischers von Erlach wieder aufgebaut, befand sich das Schloß bei Regierungsantritt Maria Theresias abermals in Verfall. Die Mittel für den Wiederaufbau besorgte sich Maria Theresia zunächst bei einem portugiesisch-jüdischen Bankier. Das ursprüngliche Projekt wurde nach den Plänen von Nikolaus Pacassi völlig umgestaltet, und es entstand jenes vielbewunderte, elegant-schlichte Barockschloß, das die Kaiserin zu ihrem Lieblingssitz erkor.

Die Inneneinrichtung erfolgte ganz nach dem persönlichen Geschmack der Kaiserin, die hier ihrer Vorliebe für indische Kunst, für Lackarbeiten und dekorative Tapeten freien Lauf ließ. Sie konnte dies, als der Außenbau, nach dem Muster von Versailles, 1749 vollendet war. In den folgenden Jahren wurde das ovale und das runde chinesische Kabinett mit wundervollen Lackarbeiten eingerichtet; es entstand das im Volksmund so genannte Millionenzimmer, das mit seinen indisch-persischen Miniaturen zwischen Rokokoornamenten besondere Kostbarkeiten zeigt, deren Beschaffung hohe Mittel erforderte; schließlich die kleine und große Galerie, großartige Meisterwerke Pacassis, mit Deckenfresken und Stukkaturen einer ausgereiften Rokokokunst, die selbst Versailles in den Schatten stellt.

Zeit ihres Lebens hat Maria Theresia, von Silva-Tarouca beraten, an ihrem Schönbrunn herumgebessert, das und jenes neu eingerichtet, den Park und seine Bauten ausgestaltet, die Gloriette, die Römische Ruine, die Brunnen usw. An diesem Park hatte sie bis ins hohe Alter ihre Freude. Er ist heute noch genau in der Form erhalten, die sie ihm damals gab und in der sie ihn erlebte, ein Denkmal ihrer Persönlichkeit und ihres Geschmacks.

Von den anderen Lieblingsschlössern muß man zuerst Laxenburg erwähnen. Das alte kaiserliche Sommerschloß, ursprünglich eine Wasserburg, führte seine Geschichte bis auf das zwölfte Jahrhundert zurück. Maria Theresia erbaute das neue Schloß, den

Blauen Hof, ein Kegelspielhaus und das Theater. Auch der Park mit einem künstlichen Teich und dem Grünen Lusthaus geht auf sie zurück. Hier genoß sie heiße Sommertage und war Mittelpunkt eines reichen gesellschaftlichen Lebens, denn auch andere Adlige des engeren Hofkreises siedelten sich hier an.

Das unter Prinz Eugen von Lukas von Hildebrandt erbaute Marchfeldschloß Schloßhof, gigantisch in seinen Ausmaßen und nahe den Jagdgebieten der March, wurde von Maria Theresia 1755 erworben und 1760 durch Vergrößerung zu einem repräsentativen Barockschloß ausgebaut, das zahlreiche Gäste beherbergen konnte. Wie Laxenburg hatte es aber nie den Charakter einer Residenz gleich der Hofburg oder Schönbrunn.

In Mannersdorf am Leithagebirge, dessen schönes Barockschloß ebenfalls durch die Kaiserin ausgestaltet wurde, besuchte sie die von ihr seit Kinheitstagen so geliebte Gräfin Fuchs. Eine Gedenksäule erinnert heute noch daran, daß Maria Theresia hier an einer Weinlese teilnahm.

„Die wichtigste Obsorge eines Regenten ist die Auswahl seiner Ratgeber." So schließt eine der um die Mitte der fünfziger Jahre von Maria Theresia eigenhändig verfaßten Denkschriften, Rechtfertigungen dieser Gewissenspolitikerin, die ihre Taten immer wieder vor den Richterstuhl ihres so stark ausgebildeten Rechtsempfindens bringt – wobei sie dann nicht selten über sich selbst den Stab bricht.

Man kann sagen, daß sie gegenüber ihren Ratgebern weniger kritisch war als gegen sich selbst. Die Sorge, dem einen oder anderen Schmerz zu bereiten, ihn zu kränken oder ungerecht zu behandeln, hat sie oft nachsichtig für deren Fehler werden lassen. Auch hatte sie bei der Auswahl ihrer Ratgeber nicht immer eine glückliche Hand. Das wird gerade in diesen Friedensjahren deutlich.

In ihren ersten Regierungsjahren löste unter ihren Ministern eine Generation die andere ab. Allmählich umgibt sie sich mit Staatsmännern, die ihr dem Alter nach näherstehen. Die Männer, die schon in der Umgebung ihres Vaters zu finden waren, weichen nun reformfreudigen, dynamischen Politikern, von denen Haugwitz schon erwähnt wurde.

In ihren ersten Regierungsjahren blieb noch die unter Karl VI. groß gewordene Politikergeneration entscheidend, also zu dem Zeitpunkt, als es galt, den Existenzkampf um das habsburgische Erbe zu führen. Gundacker Thomas von Starhemberg, der Älteste dieser Gruppe, genoß bei der jungen Herrscherin das größte Vertrauen, er war für sie eine Art Vaterfigur – stand er doch zu Beginn ihrer Regierung im siebenundsiebzigsten Lebensjahr. Er konnte auf eine reiche Erfahrung, besonders im Finanzwesen des Staates, zurückblicken.

Fast so betagt wie Starhemberg war Graf Alois Thomas Harrach. Er saß mit trüben Augen und welken Händen in den Ministerkonferenzen und suchte durch Bedächtigkeit rasche Entschlüsse zu verhindern. Die junge Herrscherin hatte an ihm keine große Stütze.

Zwei andere aus diesem Kreis, Graf Philipp Ludwig Sinzendorf und Graf Philipp Joseph Kinsky, vermochten in den Augen Maria Theresias nicht zu bestehen, obgleich sie von ihr eine Weile in der Regierung mitgeschleppt wurden. Sinzendorf war ein so auffälliger Anhänger einer Beschwichtigungspolitik gegenüber Preußen, daß ihn Maria Theresia zuzeiten verdächtigte, insgeheim in preußischem Solde zu stehen. Kinsky hatte einen galligen Humor und im Umgang mit der Herrscherin eine verletzende und brüske Art, die sie nicht leicht vertrug. Innenpolitisch war er ein schroffer Vertreter ständischer Interessen und hatte die Neigung, hier Maria Theresia in den Rücken zu fallen. Außerdem wurde er beim Eintreffen ungünstiger Nachrichten oft von Panik erfaßt. In diesem Zustand war er dann nicht imstande, seiner Herrscherin Mut zuzusprechen, sondern neigte dazu, sie noch mehr zu „decouragieren". In solchen Augenblicken war sie häufig die einzige, die den Kopf hochhielt, während sich die Minister vom Defätismus Kinskys anstecken ließen.

Als im Juli 1741 die Nachricht von dem preußisch-französischen Bündnis nach Preßburg an den Hof kam, berichtete der englische Gesandte von der verheerenden Wirkung: „Da fielen die Minister leichenblaß in ihre Stühle zurück; nur ein Herz blieb standhaft: das der Königin selbst."

Erst mit dem allmählich wachsenden Einfluß eines anderen der „Alten", Johann Christoph Freiherr von Bartenstein, änderte sich die Situation. Der bei Maria Theresias Regierungsantritt einundfünfzigjährige Staatsmann hatte schon das Vertrauen Karls VI. besessen. Außenpolitisch erwies er dann unter Maria Theresia eine scharfe antipreußische Einstellung. Schon dadurch wurde er der jungen Herrscherin sympathisch. Der preußische Gesandte berichtet über diesen ihm so unangenehmen Menschen, er sei von sehr gewöhnlichem Aussehen. Seine Manieren seien die eines Emporkömmlings. „Er äfft Leute von Stand nach, möchte ihren ungezwungenen Ton treffen und hat statt dessen ein impertinentes Wesen angenommen. Er glaubt gut zu sprechen, bemächtigt sich immer des Wortes, kreischt wie ein Adler, spielt den Ausgelassenen, behandelt Leute höchsten Standes plump und vertraulich... mit einem Wort, er ist ein kleiner, pedantischer Schulmeister." Podewils ist in dieser negativen Zeichnung des Emporkömmlings jedoch objektiver, als man glauben möchte, da andere Zeugnisse seine Eitelkeit, seinen verletzenden Ton und seine Arroganz noch stärker hervorheben.

Nach dem Tod des Kaisers gab man nicht viel für sein Verbleiben im Amt. Doch Maria Theresia wies sein Rücktrittsgesuch zurück. Zuerst mißtrauisch, fand sie allmählich eine Stütze in ihm, vor allem deshalb, weil er in kritischen Lagen die allgemeine Verzweiflung nie teilte. Auch schätzte sie, die selbst von geradezu unwahrscheinlichem Fleiß war, seine unerschöpfliche Arbeitskraft, seinen Glauben an den Sieg der habsburgischen Sache und sah ihm sein aufdringliches Gehaben ebenso wie politische Schnitzer nach.

Einige Zeit hindurch hat Maria Theresia Bartenstein noch gegen einen neu auftauchenden Stern am politischen Himmel Österreichs, den Fürsten Kaunitz, verteidigt, der durchaus der Meinung war, daß „zwei Pfeifer in einem Wirtshaus nichts taugten". Immer wieder sah sie Bartenstein seinen polternden und beleidigenden Ton nach, weil er „allein von seinem Temperament hergeflossen, und gewiß nicht aus Mangel der Treue und Eifer und auch nicht Ambition". Aber schließlich mußte Bartenstein, der Durchschnittsdiplomat, dem Genie weichen.

Denn genial war er, dieser Wenzel Anton Fürst von Kaunitz-Rietberg. Um sechs Jahre älter als Maria Theresia, hat er sie trotz seiner übertriebenen Hypochondrie noch lange überlebt und starb 1794 im Alter von dreiundachtzig Jahren. Die beiden kamen auf merkwürdige Weise zusammen. Eine eigenhändige Verfügung der Kaiserin vom 7. März 1749 ordnete an, es solle jeder Konferenzminister seine Meinung zu Papier setzen, was für ein System der Außenpolitik nach dem nunmehr geschlossenen Frieden zu praktizieren sei. Der seit Jahren im diplomatischen Dienst stehende Kaunitz, im Vorjahr Vertreter Österreichs am Aachener Friedenskongreß, gab die beste Antwort. Er halte, sagte er, den König von Preußen für den ärgsten und gefährlichsten Feind Österreichs. Der Verlust von

Schlesien sei andererseits nicht zu verschmerzen – hier sprach er seiner Herrin aus der Seele. Schlesien wiederzugewinnen sei derzeit aus Mangel an Mitteln nicht möglich. Aber zur Erreichung des großen Endzieles bleibe kein anderer Weg als die Erlangung des französischen Einverständnisses. Von der Mitwirkung der Seemächte halte er nichts, Frankreich aber könne man durch Überlassung einer Provinz in Italien oder den Niederlanden gewinnen.

Kaunitz trat also für eine radikale Änderung der Bündnispolitik Österreichs ein, wobei allerdings Rußland als das große Fragezeichen noch ausgeklammert wurde. Doch auch so konnte man bei diesem Plan von einer diplomatischen Einkreisung Preußens sprechen. Er deckte sich genau mit den Vorstellungen Maria Theresias. Auch die übrigen Minister billigten ihn, nur über seine Durchführungsmöglichkeit waren sie verschiedener Meinung.

Zunächst schickt Maria Theresia Kaunitz als Botschafter nach Paris, damit er die Verwirklichung seines Planes in die Wege leiten könne. Doch hier gelingt es ihm nicht, das Bündnis zwischen Frankreich und Preußen zu erschüttern. Trotzdem ernennt ihn Maria Theresia im April 1753 zum Staatskanzler. Sie muß dabei das Opfer bringen, Bartenstein fallenzulassen, dem sie sich trotz aller seiner Marotten zum Dank verpflichtet fühlt. Der Kaiser hegte einigen Widerwillen gegen die Eitelkeit und die geschraubten Manieren des neuen Kanzlers, mit dem er auch mehrfach Zusammenstöße hatte. Aber der vornehmen Natur Franz Stephans widersprach es, Kaunitz zu schaden, zumal da Maria Theresia diesen schätzte. Er akzeptierte den neuen Kanzler, weil er der Mann ihres Vertrauens war.

Die unschätzbare Eigenschaft des neuen Mannes war, daß er nie den Ehrgeiz hatte, an Stelle des Souveräns zu regieren, wie etwa Richelieu oder Fleury, sondern die Herrscherbegabung Maria Theresias anerkannte und auf sie Rücksicht nahm. Sie und später Joseph haben stets frei entschieden, aber Kaunitz war der unvergleichliche diplomatische Berater. Er arbeitete im Hintergrund, wurde nie sichtbar, und seine Mitwirkung bei allen Entscheidungen wurde von den auswärtigen Mächten erst spät erkannt. Aber sein Fingerspitzengefühl für die Möglichkeiten der jeweiligen Lage machte ihn zu einer unschätzbaren Hilfe, deren Wert Maria Theresia früh erkannte. Im Laufe ihrer Regierung bildete sich zwischen ihr und ihrem Kanzler eine Übereinstimmung in den Auffassungen heraus, durch die Kaunitz allmählich zum bestimmenden Faktor der österreichischen Politik wurde. Was daran von Kaunitz und was von Maria Theresia war, konnte man kaum mehr unterscheiden. Unter diesen Umständen nahm Maria Theresia mit großer Geduld gewisse Eigenheiten ihres Kanzlers hin sowie auch Freiheiten, die sich Kaunitz mit einem reichlichen Maß an Respektlosigkeit herausnahm. Seine Unpünktlichkeit war sprichwörtlich und für Maria Theresia um so belastender, als sie Pünktlichkeit, vor allem bei Einnahme der Mahlzeiten, liebte. Da kam dann Kaunitz knapp vor dem Mittagessen zum Vortrag. Oder er erschien nicht zur befohlenen Zeit und schützte dabei seine gebrechliche Gesundheit vor. Die lufthungrige Maria Theresia, die auch im Winter offene Fenster liebte, zwang er aus dem gleichen Grund, die Fenster fest geschlossen zu halten. Dazu kam noch, daß er auch gekrönte Häupter seine schlechte Laune fühlen ließ, indem er unhöflich und grob wurde. Sogar bei Verhandlungen mit dem Preußenkönig hat er sich einiges herausgenommen. Einmal ließ er den König, dem solches wohl noch nie widerfahren war, überhaupt nicht zu Wort kommen.

Kaunitz begann mit der Schaffung eines „Bureau des Affaires étrangères", eines Außenministeriums, dessen revolutionäre Neuerung in strengster Geheimhaltung der österreichischen Politik bestand. Bisher war alles schrankenlos ausgeplaudert worden. Jetzt aber war es geradezu lebenswichtig, daß England nicht vorzeitig von der bevorstehenden politischen Hinwendung Österreichs zu Frankreich Wind bekam.

Diese ließ nicht lange auf sich warten. Im August 1755 setzte Kaunitz die Billigung einer Note an Frankreich durch, die, wenn sie günstige Aufnahme fand, zu einem völligen Umsturz der europäischen Bündnissysteme führen mußte. Auch der Kaiser, der damit die Rückgewinnung Lothringens endgültig abschreiben mußte, stimmte ihr zu.

Dann ging das Allianzangebot nach Paris ab. Es wurde dort nur teilweise freundlich aufgenommen. Am ehesten sagte es König Ludwig XV. selbst zu. Er war Maria Theresia wohlgesinnt und fürchtete den König von Preußen. Aber er wollte sich augenblicklich nicht binden und beobachtete eine vorsichtige Haltung.

Zunächst wurde ein Neutralitäts- und Defensivbündnis zwischen Frankreich und Österreich diskutiert. Die Entscheidung zugunsten des Projekts fiel durch Ludwigs Mätresse, die Marquise de Pompadour. Ihr waren angeblich kränkende Bemerkungen Friedrichs von Preußen, des notorischen Frauenverächters, zu Ohren gekommen. Das gab für sie den Ausschlag, und sie votierte zugunsten Österreichs. Damit war alles entschieden. Zwar war die Pompadour nicht mehr die Geliebte des Königs, aber seine beste Freundin. Der Wiener Hof wußte sehr gut, daß der Weg zum Ohr des Königs über sie führte. Durch den österreichischen Gesandten war ihr ein Brief Maria Theresias zugespielt worden, den sie an Ludwig XV. weitergab.

Aber auch einen zweiten – historisch stärker verbürgten – Grund einer Annäherung Frankreichs an Österreich gab es, den gleichfalls Preußen lieferte: ein

Neutralitätsabkommen Preußens mit England, das noch immer mitten in einem Kolonialkrieg gegen Frankreich stand.

Ein dritter und ebenso gewichtiger Grund lag darin, daß die Pompadour durch Entfernung einiger preußenfreundlicher Minister mehr Einfluß auf den König erlangen wollte. In das Reich der Legende ist jedoch ein Briefwechsel zu verweisen, den die Pompadour mit Maria Theresia geführt haben soll.

Eine persönliche Anweisung der Kaiserin an den österreichischen Botschafter in Paris enthüllt den diplomatischen Feldzugsplan. Es heißt darin: „In allen Fällen ist unsere größte Aufmerksamkeit und Sorgfalt auf den König von Preußen zu richten und keine Gelegenheit außer acht zu lassen, die dahin führen könnte, ihm engere Schranken zu setzen und seine bösen Absichten, wovon wir die überzeugendsten Proben in Händen haben, noch bevor sie ins Werk gesetzt werden, zu vereiteln. Dem französischen Ministerium ist überzeugend vor Augen zu halten, worin eigentlich die preußische Politik besteht, daß sie keineswegs eine wahre Freundschaft für Frankreich oder ein natürliches Band zum Grunde habe, sondern bloß Eigennutz und Begierde nach Vergrößerung. Bei Erreichung dieser Absichten würde Preußen für Frankreich die gefährlichste und eifersüchtigste Macht abgeben. Preußen würde niemals die wahre Wohlfahrt der Krone Frankreichs beherzigen, sondern offenbar gegen dieselbe arbeiten, sobald es nur der Eigennutz gestatte, die bisherige Larve der Verstellung zu lüften und eine andere Partei zu ergreifen." Hier enthüllt Maria Theresia überzeugend ihre Menschenkenntnis und ihre politische Begabung.

Auf diese Weise wurde der preußischen Regierung die französische Politik die Wendung Englands entscheidender, denn England wurde als bedrohender empfunden.

So fiel in Paris die Entscheidung zugunsten Österreichs. Am 1. Mai 1756 wurde der Vertrag mit Frankreich unterschrieben. In ihm wurde Frankreich die Abtretung Belgiens für den Fall versprochen, daß Österreich Schlesien wieder zurückgewinnen würde. Es kam nie dazu. Auch der Gesichtspunkt, daß hier zwei katholische Mächte zusammen gegen eine protestantische Macht auftraten, darf nicht übertrieben werden. Die Zeit der Religionskriege war vorüber. Dagegen wurde in Frankreich das neue Bündnis als das Werk der Madame de Pompadour angesehen. Die Gegner Österreichs am Hof von Versailles verbreiteten den Spottvers:

„Vergießen wir für die Königin von Ungarn
unser Blut.
Geben wir ihr für Schlesien
unser Geld. –
Sie hat es verstanden,
bei der Pompadour zu landen."

Friedrich II. nannte dieses Bündnis verächtlich ein „Weibermachwerk". In England erregte es begreiflicherweise Zorn und Empörung. Man beschloß, den Krieg mit Frankreich energisch weiterzuführen.

Ihrer schon lange genährten Aversion gegen das Inselreich läßt Maria Theresia jetzt die Zügel schießen, als der englische Gesandte sie um eine Audienz bittet. Sie präsentiert ihm die Gegenrechnung: England sei es gewesen, das sie an Preußen verraten habe. „Ich will euch frei gestehen: Ich und der König von Preußen sind unverträglich!" Das war das dramatische Ende der Allianz mit England. Preußen mochte sich vorsehen.

Kaunitz hatte mit seiner Politik genau das erraten, was sich in seiner Kaiserin schon seit langen Jahren vorbereitet hatte. Zu tief brannte in ihr die Wunde Schlesien, zu groß war ihr Haß auf Preußen, als daß sie nicht freudigen Herzens dieser schicksalhaften Wendung gefolgt wäre. Und was England betrifft, so äußerte sie sich ein Jahr später zum venezianischen Gesandten, sie wäre von dieser Allianz bedrückt und geschädigt worden und sie fühle sich glücklicher als je, diese Bande zerrissen zu haben.

Und doch mutet es wie eine Ironie der Weltgeschichte an, daß sie gerade in diesen Tagen der neuen Allianz mit Frankreich jenes Kind gebar, das für dieses Land sein Leben opfern sollte: „Antonia, die spätere Marie Antoinette.

Es ist hier der Augenblick, von einer anderen Persönlichkeit zu sprechen, von Gerard van Swieten. Mit der Funktion eines Leibarztes ist seine Stellung nur zu einem kleinen Teil umschrieben. Als Lehrer an der Universität von Leiden war der 1700 geborene Holländer schon berühmt, als ihn Maria Theresia 1745 nach Wien berief. Gleichzeitig wurde er Lehrer an der medizinischen Fakultät der Universität und Präfekt der Hofbibliothek. Seine überragenden Fähigkeiten schafften ihm bald viele Feinde, doch hatte er seinen Rückhalt in dem unbegrenzten Vertrauen der Kaiserin.

Sein Ansehen bei ihr wuchs noch mehr, als sie 1767 dank seiner Kunst eine gefährliche Blatternkrankheit glücklich überstand. Die genesene Maria Theresia belohnte ihn fürstlich mit einer Ehrengabe von dreitausend Dukaten und ihrem in Brillanten gefaßten Bildnis. Nun erst entfaltete van Swieten eine umfassende, weit über das medizinische Gebiet hinausgreifende Tätigkeit. Als überzeugter Anhänger des Absolutismus ging er daran, der landesfürstlichen Autorität auch im Bildungswesen Geltung zu verschaffen. Haugwitz hatte hier schon vorgearbeitet. Maria Theresia stimmte diesen Bestrebungen zu, doch hatte sie wenig Verständnis für die wissenschaftliche Ausbildung an den Hochschulen.

Das niedere Schulwesen hatte der Förderung durch die Kaiserin viel zu verdanken: Die Errichtung von Elementar- und Bürgerschulen in der ganzen Monarchie war ihr Werk. Sie versprach sich von der Schulerziehung eine allgemeine Hebung der Sittlichkeit des Volkes, verkannte aber dabei die Bildungsaufgaben. Weit weniger bedeutete ihr die Wissenschaft: „Das hat wohl Zeit, liegt mir nicht so am Herzen." Mehr noch: sie hatte als gläubige Katholikin ein tiefes Mißtrauen gegen die wissenschaftlichen Tendenzen der Aufklärung, sie witterte eine Verbreitung des Unglaubens darin und wurde von den Aufklärungsgegnern der kirchlichen Seite in dieser Meinung noch bestärkt. In dem Kampf zwischen Orthodoxie und Aufklärung stand sie bedingungslos auf der Seite der Orthodoxie.

Trotz allem ließ sie dem Aufklärer van Swieten freie Hand. Sie sah seine strenge kirchliche Haltung, daß er täglich die Messe besuchte, allmonatlich die Sakramente empfing. Er war ganz anders als Kaunitz und vor allem als ihr Sohn Joseph, die beide ihre Kirchenfeindlichkeit offen zur Schau trugen. Einem solchen Mann mußte man vertrauen, auch dann, wenn er es unternahm, bei der Reform des Bildungswesens in die Hürden des kirchlichen Bereiches kühn einzubrechen.

Für die Wiener Universität wurde van Swieten weit mehr als der Begründer der älteren Wiener medizinischen Schule. Die Kaiserin ließ ihm auch freie Hand bei der Reform des theologischen und des juristischen Studiums. Van Swieten nutzte das, um der Kirche das Monopol der wissenschaftlichen Bildung zu entreißen, wobei ihm der Grundsatz Maria Theresias „Das Schulwesen ist allezeit ein Politikum" den Rückhalt bot. Die Universität wurde so zur „staatlichen Anstalt", die Professoren zu Beamten, die an die Obrigkeit gebunden waren und aus einem „von oben" gebilligten Vorlesungsbuch vortrugen. Dies alles aber hemmte den freien Forschergeist nicht. Im Gegenteil: Indem van Swieten, der modern denkende Aufklärer, die wissenschaftliche Lehre der Staatsgewalt unterstellte, befreite er sie vom einengenden Denken der Kirche. Die Bücherzensur etwa entwand er den Jesuiten und übergab sie einer Kommission, der er selber vorstand. Die Kaiserin hatte seinen entsprechenden Vorschlag mit dem Bemerken aufgenommen: „Kann nicht in bessere Hände kommen." Nur bei der Theologie bestand sie darauf, daß auch ein Jesuit zu hören sei.

Natürlich wurde van Swieten jetzt in schwere Kämpfe mit der Kirche verwickelt. Arbeitete er doch auf dem Gebiet der Bildung einem Staatskirchentum vor, das dann unter Joseph II. noch entschiedener vertreten wurde und unter dem Namen „Josephinismus" die Vorrangstellung der Kirche auch in anderen als im Bildungsbereich zum Einsturz brachte. Van Swieten fand damit den Beifall von Kaunitz und Joseph, die beide danach strebten, die Machtstellung der Kirche als Staat im Staat zugunsten der Omnipotenz des absoluten Staates zurückzudrängen.

In den Abschiedsworten Maria Theresias beim Tode van Swietens wird noch einmal deutlich, wie sehr sie sein Wirken verkannte. „Ich verliere van Swieten", schreibt sie der Gräfin Sophie Enzenberg, „er stirbt als christlicher Philosoph den Tod eines Heiligen, und darin liegt für mich ein sehr großer Trost." Für die Kirche der damaligen Zeit war er nicht im entferntesten ein Heiliger gewesen. Doch für Maria Theresia, die zwischen Kirche und Glauben wohl unterschied, hatte er Heiligkeit besessen.

Der 1696 in Lissabon geborene Emanuel Graf Silva-Tarouca hat das Leben Maria Theresias als eine Art von Seelenführer begleitet. Er trat in die kaiserliche Armee ein und diente unter Prinz Eugen. Franz Stephan führte ihn bei Maria Theresia ein. Im Dezember 1740 wurde er Präsident der Ratsbehörde. Maria Theresia ernannte ihn angesichts der zunehmenden Vergreisung der Ministerkonferenz, die ihr weder Stütze noch Rat, noch Hilfe bieten konnte, zu ihrem „Mentor" und „Gewissensrat". Das gilt für politische Ratschläge, mehr noch aber für solche der Lebensführung. Silva-Tarouca wurde verpflichtet, ihr stets rücksichtslos die Wahrheit zu sagen, „um meine Fehler mir erkennen zu geben und vorzuhalten, welches höchst nötig für einen Regenten, da sich wenige oder keine finden, die es tun und es gemeiniglich aus Respekt unterlassen."

Angesichts der hemmungslosen Speichelleckerei an den europäischen Höfen der damaligen Zeit ehrt es Maria Theresia, daß sie einen Mann für die gegenteilige Funktion anstellte. Sie war mit ihrem Mentor zufrieden und hat ihn bis an sein Lebensende in Ehren gehalten.

Offenbar wurden ihr die Ratschläge des lebensklugen Mannes nie lästig, auch wenn sie sich auf Fragen der Etikette, der Zeiteinteilung, des Geschäftsbetriebes in der Regierung oder aber auf das Essen und die Zerstreuung bezogen, auf Arbeitspausen und selbst auf hygienische Vorschriften. In Stunden der Niedergeschlagenheit warnte er seine Herrscherin vor Melancholie, in Stunden der Zerstreuung vor dem Glücksspiel, die Schwangere empfing Mahnungen zur Vorsicht beim Reiten und Fahren.

Als Silva-Tarouca den Dienst quittierte und zum hilflosen Greis wurde, hing ihm Maria Theresia in rührender Verbundenheit an, besuchte ihn in seinem Haus, dem sie, wie sie sagte, die Klugheit und Mäßigung ihrer jungen Jahre verdankte. Silva-Tarouca war ihr ein Freund im tiefsten Sinne des Wortes.

Drittes Kapitel

Der Siebenjährige Krieg

Friedrich II. maß den Verhandlungen zwischen Frankreich und Österreich lange Zeit keine allzu große Bedeutung bei. Berichten über Rüstungen in Österreich glaubte er nicht. Noch im April 1756 schrieb er in einem Brief: „Alle unsere Nachbarn sind ebenso ruhig wie wir." Dabei gab er sich der Täuschung hin, Rußland sei sicher auf seiner Seite.

Erst die Nachricht über russische Kriegsvorbereitungen alarmierte den Preußenkönig. Mitte Juni hatte er die Gewißheit, daß sich rings um ihn ein Gewitter zusammenzog.

Am 24. Juni 1756 berichtete der österreichische Feldmarschall Graf Maximilian Browne dem Hofkriegsrat in Wien, dem König von Preußen könne das von Österreich mit Frankreich geschlossene Bündnis nicht gleichgültig bleiben, und seine Truppen befänden sich aus diesem Grunde in einer Verfassung, daß er binnen weniger Tage in Böhmen einfallen könne. Browne drängte auf Vorbereitungen, um der drohenden Invasion mit einer wirksamen Defensive entgegentreten zu können.

Friedrich fürchtete für Schlesien. Er fühlte sich wie ein verfolgtes Wild. Es war ihm zuzutrauen, daß er versuchen würde, in einem plötzlichen Angriff die für ihn immer düsterer werdende Lage zu meistern. Als Stratege wirklich „der Große", hatte er die Schlinge der großen Koalition von Rußland über Österreich, Teile des Reiches bis nach Frankreich bald als eminente Gefahr erkannt.

Zunächst beginnt Friedrich einen diplomatischen Notenkrieg. Rußlands – vor allem durch Elisabeth I. genährte – feindselige Einstellung gegen Preußen kennt er, die Sympathien Frankreichs hat er verloren, Österreich aber könnte dazu gebracht werden, das Odium des Angreifers auf sich zu nehmen. Darum beschwert er sich zunächst über Kriegsrüstungen und verlangt von Maria Theresia eine Erklärung, daß sie ihn weder in diesem noch im nächsten Jahr angreifen würde. „Ich muß wissen, ob wir im Krieg oder Frieden sind. Ich mache die Kaiserin zur Schiedsrichterin darüber." Dann beteuert er seine Unschuld für den Fall, daß aus dieser gespannten Lage ein Unglück hervorgehen könnte.

Maria Theresia sieht einen Angriff Friedrichs voraus, doch werden die Vorbereitungen für seine Abwehr nur lässig betrieben. Brownes Warnungen und Vorschläge wurden nicht gehört, sicher mit der Nebenabsicht, Friedrich in Sicherheit zu wiegen und ihn durch mangelnde österreichische Kriegsvorbereitungen zu einer unüberlegten Tat zu verlocken.

Damit die Koalition wirksam werde, muß Preußen zuerst angreifen. Es kommt darauf an, wem der Schwarze Peter zugeschoben wird. Österreich ist zwar, verlockt durch den Erfolg seiner Bündnispolitik, zum Angriff entschlossen, würde es aber lieber sehen, wenn es nicht angreifen müßte, sondern angegriffen würde.

Von Kaunitz gut beraten, wählt Maria Theresia gegenüber dem preußischen Gesandten eine sphinxhafte Antwort. Sie hat sich seinen Vortrag angehört. Dann zieht sie ein kleines Papier hervor – bei einer so heiklen Angelegenheit, in der jedes Wort auf die Waage gelegt wird, kann man nicht aus dem Stegreif antworten – und liest darauf folgende Antwort ab: „Die bedenklichen Umstände der allgemeinen Angelegenheiten haben Mich die Maßregeln für notwendig ansehen lassen, die Ich zu Meiner Sicherheit und zur Verteidigung Meiner Verbündeten ergreife, und welche überdies nicht bezwecken, irgend jemand zum

Schaden zu gereichen. Dies bitte Ich, dem König, Ihrem Herrn, zu berichten."

Die Taktik der Kaiserin ist klar: Preußen soll sich entweder im Rüstungsfieber selbst verzehren, ohne den ersten Schlag zu tun – und Österreich wird sich diesen Schlag gründlich überlegen; oder der Preußenkönig läßt sich durch diese Antwort zu übereilten Beschlüssen hinreißen. Dann ist der Bündnisfall gegeben.

Friedrich tut Österreich den Gefallen. Am 29. August 1756 marschiert er ohne Kriegserklärung und wieder unter Bruch aller geschlossenen Verträge in Sachsen ein, um dadurch strategisch bessere Ausgangspositionen für die Eroberung Böhmens zu gewinnen.

Maria Theresia weint bei der Nachricht von diesem neuen Gewaltstreich, sie reagiert auf jede Rechtsverletzung in der Politik mit besonderer Empörung. Aber dieses Mal fehlt das Überraschungsmoment. Sie und Kaunitz haben alles vorausgesehen. Nur bei den militärischen Vorbereitungen ist man nicht sehr weit gekommen.

Sachsen wird von der preußischen Armee blitzartig überschwemmt, die sächsischen Truppen werden bei Pirna eingeschlossen. Friedrich II. wollte sich Sachsens so rasch wie möglich versichern, um dann gegen Österreich freie Hand zu haben. Nebenbei gedachte er, das Fürstentum regelrecht auszuplündern und sächsische Soldaten als Kriegsbeute in die preußische Armee zu pressen.

Die Empörung über diesen Gewaltstreich ist in Paris besonders groß. Die Marquise de Pompadour, nach den Worten Starhembergs „der Premierminister des Königs", ist gerechtfertigt. Ludwig XV. nennt den Preußenkönig eine Gottesgeißel und den Rasendsten unter den Rasenden. Nur ungern erinnert man sich noch der Zeit des Bündnisses mit Preußen, das nur zu dessen Vergrößerung beigetragen hatte. Gegenüber

Österreich sind die Lothringerakten längst geschlossen, Österreich ist sogar bereit, zugunsten Frankreichs Belgien preiszugeben. Dieses reiche Land konnte Frankreich mit mäßigen Kriegsopfern in den Schoß fallen.

Aber auch die französische Öffentlichkeit war gegen Preußen aufgebracht, die Freunde Preußens in Versailles schmolzen dahin, die Preußengegner machten sie mundtot. Sogar Voltaire, Gast am preußischen Hof und Feund des Königs, schreibt diesem einen empörten Brief.

In Wien wird am 5. September eine geheime Staatskonferenz einberufen, in der nur Graf Johann Joseph Khevenhüller für weitere Verhandlungen mit Friedrich II. eintritt. Kaunitz aber ist entschieden auf der Seite der Kriegspartei, wobei er, einig mit seiner Herrscherin, auch einen Einbruch Friedrichs in Böhmen mit einkalkuliert. Maria Theresia entscheidet sich blitzschnell, ohne jedes Zögern, für ihn gegen Khevenhüller.

Dann aber entfaltet sie auf dem für eine Frau so ungewohnten militärischen Gebiet eine umsichtige Planungsarbeit wie noch nie. Das ist ihr Krieg, sie hat ihn diplomatisch vorbereitet, sie will tatkräftig mithelfen, ihn zu gewinnen. Der leidenschaftliche Haß gegen Preußen befeuert sie noch. Bis in alle Einzelheiten läßt sie sich Bericht erstatten, entscheidet über Aufmarsch und Organisation, über Ausrüstung, Verpflegung, Versorgung der Truppen, beschafft warme Decken für den Winter, brauchbare Mützen für die Kavallerie usw. Aber sie weiß, daß sie Friedrichs überlegene Feldherrnbegabung dadurch allein nicht aufwiegen kann.

Diese gibt freilich zunächst den Ausschlag. Feldmarschall Maximilian Browne, ein recht durchschnittlicher Feldherr, führt die Österreicher nach Sachsen, um die in Pirna von den Preußen eingeschlossene Armee zu entsetzen. Doch die Preußen bilden einen

Sperriegel und schlagen die Österreicher bei Lobositz zurück. Die Schlacht geht insofern unentschieden aus, als es den Preußen nicht gelingt, die Österreicher zu vernichten und in Böhmen einzubrechen, anderseits wird auch den Sachsen nicht wesentlich geholfen.

Browne forciert weitere Vorbereitungen für den Entsatz der eingeschlossenen Verbündeten, aber einem zweiten Versuch kommt die Kapitulation der sächsischen Armee am 15. Oktober zuvor. Die Gefangenen werden in preußische Dienste gepreßt. Sie sind dann bei guter Gelegenheit zu den Österreichern übergelaufen.

Maria Theresia zeigte offen ihr tiefes Mitgefühl mit diesem Land, das nun einem unbarmherzigen Sieger ganz ausgeliefert war. Sie hat bei späterer Gelegenheit der österreichischen Armee streng aufgetragen, bei Operationen in Sachsen das Land möglichst zu schonen. Jedenfalls hat der unerwartet zähe Widerstand Sachsens der österreichischen Sache sehr geholfen, weil sich Friedrich vor einer Invasion Böhmens eine Atempause gönnen mußte. Beide Heere hatten sie nach der Schlacht von Lobositz dringend notwendig.

Auf außenpolitischem Gebiet müssen die Bündnisse Österreichs erst wirksam werden. Zarin Elisabeth I. von Rußland verpflichtete sich schon im Februar 1757, eine bedeutende Armee von achtzigtausend Mann für die ganze Dauer des Krieges gegen Preußen aufzustellen. Das Reich wurde aktiviert, und ein Reichstag zu Regensburg beschloß die Exekution gegen Preußen, damals eher eine stumpfe Waffe. Friedrich II. spottete darüber, der Kaiser sei der Bankier des Hofes – wobei er auf die Geschäftstüchtigkeit Franz Stephans anspielte – und mache daher seinem Titel als „König von Jerusalem" (den er mit dem Kaisertitel besaß) „und dem uralten Brauch der jüdischen Nation" alle Ehre. Mit Recht verhieß er diesem Beistand nicht viel Nutzen für Österreich.

Wichtiger ist das am 1. Mai 1757 unterzeichnete Angriffsbündnis zwischen Frankreich und Österreich gegen Preußen. Frankreich verspricht sogar hundertfünftausend Mann, die Preußen am Niederrhein in der Flanke bedrängen sollen. Außerdem wird Frankreich die Österreicher mit Geld unterstützen.

Es steht nicht schlecht für die Sache der Verbündeten. Der einzige Erfolg Preußens war die Niederringung Sachsens, aber Friedrichs Wunsch, Böhmen und Prag gleich im ersten Jahr zu besetzen, ging nicht in Erfüllung.

Um so höher steigen die Erwartungen der Verbündeten. Man war sehr optimistisch, als man dem Bündnis eine Aufteilung der preußischen Länder zugrunde legte. Nur Brandenburg und Hinterpommern sollte Friedrich behalten, so wie er selbst seinerzeit Ungarn Maria Theresia zugebilligt hatte.

Wie erwartet, fällt Friedrich im Frühling 1757 in Böhmen ein. Er fiebert einer entscheidenden Schlacht entgegen. „Jede Bataille, so wir liefern, muß ein großer Schritt vorwärts zum Verderben des Feindes werden." Friedrich setzt auf Sieg.

Der österreichische Oberbefehlshaber, der die Invasionstruppen zurückschlagen soll, heißt dieses Mal nicht Browne, sondern Karl von Lothringen. Maria Theresia hatte hier eine schlechte Wahl getroffen. Wohl ihrem Gatten zuliebe wollte sie der Familie Lothringen noch einmal zu Lorbeer verhelfen. Dieser blieb jedoch abermals aus.

Karl von Lothringen erschien reichlich spät, als sich die Lage schon zu verdüstern begann. Er schrieb nach Hause, Browne habe den Kopf verloren und weigere sich, jemand anzuhören. „Das erste, was er zu mir sagte, war, daß er sich äußerst elend fühle und wünschte, er wäre tot. Darauf brach er in Tränen aus. Entsetzt sah ich, in welch völliger Verwirrung die Armee war: niemand hatte irgendwelche Befehle oder wußte, was er zu tun hätte. Eine schreckliche Bestürzung, wie ich sie noch niemals in unserer Armee gesehen hatte, hatte sich aller von den Generälen bis zu den Mannschaften bemächtigt, ja ich möchte sagen, der Feldmarschall selbst wußte kaum, woran er war."

Vielleicht übertrieb Karl von Lothringen, um sich selbst in ein besseres Licht zu setzen. Die folgenden Ereignisse zeigten jedenfalls, daß die Mutlosigkeit weniger bei Browne als bei Karl von Lothringen zu finden war. Er wollte keine Schlacht wagen. Entgegen Brownes Rat, sofort den Gegner zur Schlacht zu zwingen, zog Karl von Lothringen seine Armee auf Prag zurück. Er wollte auch die Hauptstadt aufgeben. Als ihm Friedrich folgte, entschloß er sich aber auf das Drängen seiner Generäle doch, vor Prag zu kämpfen.

„Die Österreicher sind zerstreut wie Stroh im Wind", berichtet Friedrich über den Ausgang der Schlacht. Browne wurde schwer verwundet und starb kurze Zeit später, Karl von Lothringen suchte sich mit großem persönlichen Mut den eigenen fliehenden Truppen entgegenzustellen, aber alles drängte in voller Auflösung hinter die Mauern der Stadt Prag.

Friedrich schloß die Hauptstadt Böhmens sofort ein und begann mit einer Beschießung, die schweren Schaden verursachte.

Maria Theresia erreichte die Nachricht von der Niederlage vor Prag als übles Geschenk an ihrem Geburtstag. Sie ließ alle Feiern absagen und zog sich zurück. Kaunitz und Neipperg wurden mit Vorwürfen überhäuft, natürlich auch Karl von Lothringen und die gesamte österreichische Heeresleitung.

Angesichts dieser Lage entschließt sich der Staatskanzler Kaunitz, sich vom Stand der Dinge zu überzeugen. Er verläßt das konsternierte Wien und die verzweifelte Kaiserin, um sich Klarheit darüber zu verschaffen, ob die Niederlage durch die ungeschickte Führung Karls von Lothringen verursacht wurde.

Am 7. Mai stößt er bei Böhmisch-Brod auf völlig in Auflösung begriffene österreichische Einheiten, die nach der Niederlage von Prag desertiert waren. Hier hat er eine Zusammenkunft mit dem kommenden Mann der Armee: Graf Leopold Joseph Daun.

Beide sind sich über die verzweifelte Lage im klaren. Die österreichische Armee ist teils in alle Winde zerstreut, teils in Prag eingeschlossen. Kaunitz berichtet, nach Wien zurückgekehrt, von einem drohenden Vormarsch der Preußen auf Wien. Die Rettung kann nur von jenen Heeresteilen kommen, die noch intakt sind und von Daun befehligt werden. Die Lage von Prag verschlimmert sich von Tag zu Tag, die Rettung muß rasch kommen.

Karl von Lothringen hat inzwischen seine letzte Zuversicht verloren und will die Stadt verlassen, um sich zu Daun durchzuschlagen. Das verbietet ihm die Kaiserin strikt, denn sie will die preußischen Truppen bei Prag so lange festhalten, bis Daun selbst eingreifen kann: „Es wäre eine Schande für die ganze Armee und für die deutsche Ehre, wenn der Prinz nicht dasselbe wolle oder könne, was der französische General Belle-Isle mit einer so viel schwächeren Besatzung fertiggebracht habe."

Durch die Kaiserin zur Eile angetrieben, setzt sich Daun Mitte Juni in Marsch. Maria Theresia hat ihm als Aufgabe vorgezeichnet, die Erblande vor einem feindlichen Einbruch zu sichern und Prag sobald als möglich zu entsetzen. Am 7. Juni hatte die Kaiserin Daun nochmals aufgefordert, rasch zu handeln, Prag könne sich nur wenige Tage halten, und Daun solle die Schlacht wagen, sie gebe ihm ihr kaiserliches Wort, daß sie einen unglücklichen Ausgang dem Feldherrn niemals zur Last legen würde. Damit übernahm die Kaiserin die ganze Verantwortung.

Friedrich hatte Daun ursprünglich links liegen lassen. Angesichts des Vormarsches der Österreicher entschließt er sich, die Belagerung von Prag nicht aufzugeben, sondern seine Truppen zu teilen. Einen Teil läßt er vor Prag stehen, den anderen schickt er gegen Daun. Wenn dieser ebenfalls geschlagen wird, hat Österreich keine Armee mehr und muß kapitulieren.

Jetzt geht es um Sein oder Nichtsein. Die Spannung in Wien ist nervenzermürbend. Die Wiener strömen in die Kirchen, beten mit ihrer Kaiserin.

Da kommt es bei Kolin zur Schlacht. Friedrich ist mit nur sechsunddreißigtausend Mann den Österreichern entgegengezogen, die mit siebenundfünfzigtausend Mann sehr vorteilhafte Stellungen besetzt haben. Er greift an und wird abgeschlagen. Daun verfolgt ihn nicht, nutzt nicht die Möglichkeit, den Gegner zu vernichten, und die Preußen können sich in guter Ordnung zurückziehen. Kolin ist keine Entscheidung, aber Österreich ist für den Augenblick gerettet. Das Viktoriablasen von zwanzig Postillionen weckt am Morgen des 20. Juni die Wiener mit der Nachricht, daß der bisher unbesiegbare König in einer von ihm befehligten Feldschlacht geschlagen wurde. Er hatte den Fehler gemacht, die Österreicher zu unterschätzen, und Daun den Fehler, den Sieg nicht auszunutzen. Daß Karl von Lothringen von der gleichen Möglichkeit ebenfalls nicht Gebrauch machte, um Dauns Sieg durch einen Ausfall aus Prag zu vollenden, war bei ihm nicht anders zu erwarten. Friedrich konnte ungehindert von Prag abziehen.

In der befreiten Hauptstadt Böhmens atmete man auf. Sogleich kam ein Gedicht in Umlauf:

„Das ist ein Werk nicht unsrer Mächten,
Der Höchste hilft uns selber fechten,
Gott und Johann von Nepomuk
Trieb von der Stadt den Feind zurück.
Die Fürbitt' unsrer Landpatrone
Beschützte Österreichs heil'ge Krone."

Kaum hatte Maria Theresia die Siegesnachricht erhalten, so schickte sie nach Khevenhüller, den sie am Morgen des 20. Juni empfing. Sie hatte noch die Tränen der ersten Freude in den Augen, als sie ihn völlig unzeremoniell und ohne die große Gala des Empfangs, aber um so herzlicher begrüßte.

Wien feierte überschwenglich mit seiner Herrscherin. Die glückliche Maria Theresia überhäufte Daun in einem Handschreiben mit herzlichen Dankesworten. Launs Bruder brachte die eroberten Fahnen und Standarten in feierlichem Zug nach Schönbrunn, und der Tag von Kolin wurde zum „Geburtstag der Monarchie" erklärt. Das Großkreuz des Maria-Theresien-Ordens, zu diesem Anlaß gestiftet und bis zum Ende der Monarchie die höchste militärische Auszeichnung in der österreichischen Armee, wurde Daun als erstem verliehen.

„Lieber Graf Daun", schrieb ihm Maria Theresia Jahre später, anläßlich eines Jahrestages des Sieges, „unmöglich könnte ich den heutigen großen Tag vorübergehen lassen, ohne Ihm meinen gewiß herzlichen und erkenntlichen Glückwunsch zu machen. Die Monarchie ist Ihm ihre Erhaltung schuldig und ich meine Existenz und meine liebe, schöne Armee und meinen einzigen und liebsten Schwager. Dies wird mir gewiß, solange ich lebe, niemals aus meinem Herzen und Gedächtnis kommen; im Gegenteil mir scheint, daß es jährlich mir frischer und sensibler ist... Gott erhalte Ihn mir noch lange Jahre zum Nutzen des Staates, des Militärs und meiner Person, als meinen besten, wahrsten guten Freund. Ich bin gewiß, solange ich lebe, Seine gnädige Frau Maria Theresia."

Ein Brief vom 21. Juni, unmittelbar nach der Siegesmeldung, zeigt die Kaiserin in ihrer hinreißenden Herzlichkeit. Es heißt da: „Dieser gesegnete Tag hat die erste Probe vor Augen gestellt, daß der König von Preußen mit seiner Armee nicht unüberwindlich sei, und dieselbe nicht nur geschlagen, sondern auch in Unordnung und in die Flucht gebracht werden könne; des Falls die eroberten Siegeszeichen ein mehreres, als die bescheidenen Ausdrücke Unseres Berichtschreibens ankündigen. Es ist also zuvörderst dem Herrscher aller Heerscharen der wärmste Dank aufzuopfern und alles Seiner weisesten Führung allein beizumessen. Daher auch heute das feierliche Tedeum laudamus von Grund des Herzens abgesungen habe. Es gebührt auch den Werkzeugen, deren er sich bedienet, das erworbene Lob, und die verdiente Rücksicht des Dankes. Da ich Euch jederzeit mit gnädigem Wohlwollen zugetan gewesen, so empfinde ich ein desto größeres innerliches Vergnügen, daß ich den glücklichen Ausschlag des erfochtenen herrlichen Sieges hauptsächlich Euren so klugen als vorsichtigen Veranstaltungen und demnächst dem gegebenen heldenmütigen Vorgang und Beispiel zu verdanken habe... Bei all dem will ich Euch nicht verbergen, daß ich Euch einen Hauptfehler, und zwar mit größtem Recht auszustellen habe, welcher darin besteht, daß Ihr Euch zu viel der Gefahr ausgesetzt und hierbei nicht erwogen habt, wieviel mir und meinen Erblanden an Eurer Erhaltung gelegen sei. Ich lasse es daher nicht bei dem bloßen Rat bewenden, sondern erteile Euch hiemit den allergnädigsten Befehl, daß Ihr bei allen künftigen dergleichen Gelegenheiten Eure Person und Euer Leben tunlichst schonet und mir zu weiterer ersprießlicher Dienstleistung aufbehalten sollet."

Was Daun nicht erhielt, war der Oberbefehl über die österreichische Armee. Die behielt der Verlierer von Prag. Damit machte Maria Theresia den Erfolg von Kolin zunichte. Abermals sollte Karl von Lothringen, der seine Unfähigkeit schon mehrmals unter Beweis gestellt hatte, Österreichs Heer führen. Er war nicht der Mann, Preußen niederzuwerfen.

Vergeblich drängte jetzt der Kaiser seinen Bruder,

rasch zu handeln. Karl und Daun blieben, von kleineren Aktionen abgesehen, in Böhmen stehen und ermöglichten es so dem Preußenkönig, die französische Armee, die sich mit der Reichsarmee vereinigt hatte, am 5. November 1757 bei Roßbach zu schlagen. Die Besetzung Ostpreußens durch die Russen konnte er allerdings nicht verhindern.

Als nun die Österreicher doch langsam nach Schlesien vorrücken, sind sie in so günstiger Position wie nie zuvor, denn Friedrich muß mit der Hauptmacht seines Heeres außer Landes operieren und kann in Schlesien nur schwache Kräfte zurücklassen.

Karl von Lothringen begnügte sich allerdings mit der Belagerung von Schweidnitz, das er am 14. November zur Kapitulation zwingt. Die wenige Tage dauernde Besetzung Berlins durch österreichische Truppen bleibt nur eine Episode, die Hauptmacht des Feindes wird nicht geschlagen.

Während Friedrich als Sieger von Roßbach in Eilmärschen heranzieht, bleiben die Österreicher stehen. Wieder muß Maria Theresia eingreifen und in einem entschiedenen Befehl zu weiterem Vormarsch mahnen. Erst dadurch zur Aktivität angespornt, beschließen die Generäle zu handeln.

Noch einmal gibt es in Wien Hochgefühl, als die Übergabe von Breslau gemeldet wird, aber sie weicht bald der Sorge, sobald sich die Nachricht vom Heranrücken des Preußenkönigs verbreitet.

Die Österreicher sind voll Zuversicht, denn sie sind den Preußen an Kräften weit überlegen. Dennoch erleiden sie bei Leuthen eine vernichtende Niederlage. In der Dunkelheit der hereinbrechenden Nacht retten sich Reste der Armee, die sich in völliger Auflösung zurückziehen.

Der Schlag trifft eine siegesgewisse Maria Theresia, und er trifft sie deswegen nur um so härter. „Die Kaiserin tat nichts als weinen", berichtet der Obersthofmeister in seinem Tagebuch, „und war fast nicht zu trösten, verfügte sich dennoch gleich in die Kapelle, wo sie unter beständigen Tränen ihr Gebet verrichtet und die übrige Zeit ungeachtet der großen Betrübnis mit den Ministern gearbeitet hat."

Mit ihrem Festhalten an Karl von Lothringen trifft sie selbst ein gerütteltes Maß an Mitschuld für die tragische Entwicklung des Krieges. Jetzt muß sie den Mann, auf den sie trotz seines wiederholten Versagens so fest gehofft hatte, endgültig fallenlassen. Zunächst sucht Franz Stephan den Bruder zum freiwilligen Rücktritt zu veranlassen. Doch dieser bleibt gegen alle Vorstellungen taub.

Damals kursierte in Wien ein Flugzettel, auf dem Daun, der Banus Nádasdy und Prinz Karl abgebildet waren. Dauns Bildnis war unterschrieben: „Mit Verstand und Mut", das Nádasdys „Mit Schwert und Blut", und das Karls mit den Worten, die ihm in den Mund gelegt wurden: „Der Wein ist gut."

Doch die Stimme des Volkes, der man allerdings damals wenig Gehör schenkte, verhallt ohne Wirkung, Karl von Lothringen sieht nach wie vor keine Veranlassung zurückzutreten. Maria Theresia selbst muß eingreifen. Kaunitz hat ihr Schreiben in eine möglichst schonende Form gebracht. Es heißt da mit Formulierungen voll zarter Rücksichtnahme: „Sie sind belastet durch die ungerechte Feindseligkeit der öffentlichen Meinung und ohne Hoffnung, daß diese Voreingenommenheit Ihnen je einen glücklichen Erfolg ermöglichen wird." So schreibt sie ihm in der ihr eigenen vornehmen Haltung, durch die sie ihm alle Vorwürfe erspart. „Ich befreie Sie deshalb aus der unglücklichen Situation, in der man sich befinden kann, und es scheint mir, daß der Entschluß, den ich faßte, uns beiden nützlich ist. Ich ersuche Sie deshalb, daß Sie den Kaiser und mich bitten, daß wir Sie als Zeichen unserer Freundschaft in Zukunft vom Kommando Unserer Armee entheben, da das Unglück, das Sie bisher verfolgt hat, seit Sie das Kommando führen,... es unmöglich erscheinen läßt, daß wir Sie weiter damit betrauen..."

Der glücklose Heerführer, der aber gar nicht unglücklich, sondern guter Dinge war, wurde in Wien in Gnaden aufgenommen. Gehorsam schrieb er sein Entlassungsgesuch, das sofort angenommen wurde. Maria Theresia ließ ihn nie spüren, welche schwere Nachteile Österreich aus seinem Mangel an militärischen Fähigkeiten erwachsen waren.

Daun, zweifellos mitschuldig an der Niederlage von Leuthen, wurde sein Nachfolger. Maria Theresia hatte auch ihm gegenüber Bedenken, ihr Vertrauen zu ihm war angeschlagen. Daun erhielt von ihr den Befehl, sofort aktiv zu werden und die belagerte Festung Schweidnitz zu entsetzen.

Friedrich II. hatte zu diesem Zeitpunkt in Wien wegen eines Friedens vorfühlen lassen. Aber dort war man schon zu einem neuen Waffengang entschlossen, die Friedenskaiserin war in kriegerischer Stimmung.

Wie vorausgesehen, rückte nun Friedrich in Mähren ein und belagerte Olmütz. In Wien trat Maria Theresia einer Panikstimmung entschieden entgegen und weigerte sich, ihren Hof nach Graz übersiedeln zu lassen: Nicht eher, sagte sie, „als bis der Feind wirklich in der Nähe sei". Dem französischen Gesandten in Wien, Stefan Franz von Stainville, erklärte sie am 28. Januar 1758, sie habe in der vergangenen Nacht kein Auge geschlossen. Nicht das Verlangen nach Schlesien reize sie zur Fortsetzung des Krieges, nur die Wiederherstellung der Ruhe Europas und die Verringerung der Macht des Ungeheuers, das beide unterdrückt. Sie stelle es Gott anheim, sich an dem König von Preußen zu rächen, da die Menschen nichts gegen ihn vermöchten. Kaunitz begleitete diesen leidenschaftlichen Erguß mit der Forderung an Frankreich, gemäß dem Hilfsvertrag ein Expeditionskorps nach Böhmen zu schicken.

Frankreichs Antwort war eine erneute Zusicherung seiner Bündnistreue. In Paris meinte man das ernst, denn die Pompadour stand zu Österreich und bekundete in einem Brief an Kaunitz ihren unveränderten Eifer für das Gelingen des „schönsten Planes der Welt", Preußen niederzuwerfen.

Auch bei der österreichischen Armee gibt es Lichtblicke. Gerade in diesen dunklen Tagen taucht ein neuer Stern unter den Paladinen der Kaiserin auf, der Friedrich zwingt, die Belagerung von Olmütz aufzugeben: Gideon Ernst Freiherr von Laudon. Er fing eine große Proviant- und Munitionskolonne der Preußen ab.

Diese Waffentat war so entscheidend, daß sich Friedrich ganz nach Schlesien zurückziehen mußte. „Ich habe die Überlegenheit verloren", gesteht er sich selbst, „ die ich im vorigen Herbst und Winter über die Österreicher gewonnen hatte." Auch beklagte er nun in Äußerungen aus dieser Zeit, daß die Aussicht auf den Frieden in die Ferne gerückt sei.

Die Österreicher reißen nun das Gesetz des Handelns wieder an sich. Daun marschiert in Sachsen ein, während sich Friedrich mit den vorrückenden Russen beschäftigen muß. Es gelingt ihm, die Russen bei Zorndorf aufzuhalten. Dann wendet er sich blitzschnell gegen Daun, der in Sachsen untätig stehengeblieben ist. Doch sollte sich Friedrich in ihm täuschen.

Von dem kühnen Draufgänger Laudon beraten, raffte sich der Zauderer Daun zu einem Handstreich auf, dessen ihn Friedrich nie für fähig gehalten hätte. Bei Hochkirch wird das Lager des Preußenkönigs von Dauns Truppen überfallen. Das Überraschungsmoment nutzend, bringt Daun, von Laudon unterstützt, Friedrich eine Niederlage bei.

Der 14. Oktober 1758 wurde ein schwarzer Tag für die Preußen. Friedrich spielte nach der Schlacht mit Selbstmordgedanken. „Ich kann die Tragödie enden, wenn ich will", sagte er zu seinem Vorleser und zeigte ihm das Gift, das er seit langem bei sich trug. Aber auch der Sieger Daun war gehässigen Angriffen ausgesetzt. War er doch übervorsichtig dem geschlagenen Feind nicht gefolgt, um Friedrich ganz zu vernichten.

Wir haben eine Schilderung der Wirkung dieser Siegesnachricht auf Maria Theresia. Khevenhüller berichtet, daß am Abend des 15. Oktober plötzlich um halb neun Uhr blasende Postillione in Schönbrunn einfuhren. Alles lief zusammen, denn man war zu so später Stunde auf ein solches Ereignis nicht vorbereitet. Maria Theresia war bereits „déshabillée". Ihre Kinder hatten sich schon zurückgezogen und wurden gerade ausgekleidet. Von der Siegesbotschaft berauscht, durchbrach Maria Theresia alle Etikette- und Bekleidungsvorschriften und ließ ihre Kinder, so wie sie waren, zu sich kommen: die einen noch im Reifrock, die anderen schon im Nachtkleid, teils noch mit Kopfputz, teils mit schon aufgelöster Frisur. So erschienen sie vor der geliebten Mutter und Kaiserin, um ihr Glück zu wünschen. Dann zog das Kaiserpaar, wie bei solchen Gelegenheiten üblich, in die Schloßkapelle, um in das Tedeum einzustimmen.

Da die Siegesnachricht Maria Theresia an ihrem Namenstag erreicht hatte, schrieb sie an Daun, sie habe für diesen Tag keineswegs ein so schönes Angebinde erwartet. Sie versicherte ihm, sie setzte nach Gott in Dauns Kriegsführung, Erfahrung und Diensteifer ihr größtes Vertrauen. Alle Vorwürfe gegen ihn seien durch diesen Sieg zum Schweigen gebracht. Gerade das freue sie, daß der hochmütige Gegner durch Daun gedemütigt wurde, „wie denn der König bei verschiedenen Gelegenheiten seinen innerlichen Neid und Eifersucht über Euren erworbenen Kriegsruhm nicht bergen konnte und nunmehr einen Streich erfahren hat, welcher zu seiner äußersten Beschämung gereicht".

Zu Daun bekannte sich Maria Theresia trotz der gegen ihn erhobenen Vorwürfe und beließ ihm das Oberkommando. Auch die Jahre 1759 und 1760 brachten große Waffentaten der Österreicher, aber das ständige Nörgeln an dem Zauderer Daun, der so manche Gelegenheit für eine Kriegsentscheidung zu versäumen schien, ließ den Feldherrn seiner Erfolge nicht froh werden. Ständig mahnte ihn Maria Theresia brieflich zu Aktionen, so etwa am 20. Mai 1759: „Ihr werdet von selbst ermessen, wie sehr mein Dienst erfordert, der kaiserlich russischen Armee alle mögliche Hilfe zu leisten und diesfalls zu meinen gegebenen heiligen Versicherungen zu stehen, als sonst... aller Vorwurf bei Freund und Feind auf mich allein fallen und die schädlichen Folgen nicht zu übersehen sein würden." Aber sie konnte den Charakter Launs nicht ändern.

So schleppte sich der Krieg weiter. Maria Theresia, die einsah, daß Daun es nur zu einem Remis bringen konnte, wurde allmählich kriegsmüde. Die sich immer mehr verschlimmernde finanzielle Lage zwang sie dazu, das Heer mitten im Krieg zu reduzieren.

Unter diesen Umständen kann Daun seine Siege bei Kunersdorf (12. August 1759) und Maxen (21. November 1759) nicht ausnutzen. Im nächsten Jahr zeigt sich durch die Siege Friedrichs bei Liegnitz und Torgau wieder ein gewisses Übergewicht der Preußen. Der kühne und verwegene Laudon begann außerdem dem Oberbefehlshaber als Heerführer den Rang abzulaufen. Ohne gefährliche Situationen für Österreich heraufzubeschwören, wurde mit wechselndem Kriegsglück 1761 und 1762 weitergekämpft. Ein Friede kam nicht in Sicht.

Die tragische Wendung zuungunsten Österreichs verursachte nicht eine Schlacht, sondern der Tod der erbittertsten Feindin des Preußenkönigs: Am 5. Januar 1762 starb die Zarin Elisabeth.

Friedrich II. war gerettet. Der neue Zar Peter III., der ein Bewunderer des Königs war, löste sich aus dem Bündnis mit Österreich, schloß am 5. Mai Frieden mit Preußen und versprach dem König sofort Waffenhilfe.

Das Bündnis war jedoch sehr kurzlebig, da der neue Zar nach einer Regierung von wenigen Monaten von seiner Frau gestürzt wurde, die als Katharina II. den Thron bestieg und das Steuer sofort wieder herumwarf. Allerdings war sie nur zur Neutralität, nicht aber zu einem Bündnis mit Österreich bereit.

Doch Maria Theresia konnte aufatmen. „Solange Wir leben", schrieb sie ihrem Gesandten nach Petersburg, „ist uns keine Nachricht zugekommen, die Unserem Herzen eine größere Freude gemacht hat als die Kunde der glücklichen Thronbesteigung der russischen Kaiserin." Maria Theresia konnte nicht wissen, daß Katharina über die Leiche ihres Gemahls zur Würde des gekrönten Staatsoberhauptes aufgestiegen war.

Zum letzten Male in diesem Kriege wurde bei Schweidnitz gekämpft. Hier kapitulierte am 9. Oktober 1762 die österreichische Besatzung nach schwerem Kampf. Maria Theresia war kriegsmüde und mutlos geworden. Sie sehnte das Ende der Kämpfe herbei. Der sächsische Kronprinz Friedrich Christian bot sich ihr als Vermittler an. Die Kaiserin ergriff die Gelegenheit und eröffnete die Verhandlungen am 30. Dezember 1762 zu Hubertusburg in Sachsen.

Der Preis des Friedens war der endgültige Verzicht auf Schlesien, das einzige Zugeständnis Friedrichs II. war seine Kurstimme für die Wahl von Maria Theresias Sohn, Erzherzog Joseph, zum römisch-deutschen Kaiser – zugleich eine Anerkennung der habsburgischen Vorherrschaft in Deutschland.

Beim Austausch der Ratifikationsurkunden sparte der Preußenkönig nicht mit freundschaftlichen Erklärungen für Österreich, die an der Einstellung der Kaiserin ihm gegenüber nichts änderten. Bis an ihr Lebensende blieb er für sie der Erzfeind, und sie kann daher dem Gerücht nicht Glauben schenken, er habe ihr nach dem Friedensschluß freundlich geschrieben. „Kein Wort wahr", äußert sie sich gegenüber dem Grafen Uhlfeld. „Ich bin dem König verpflichtet, daß er mir nicht geschrieben hat; meine Feder hätte ihm niemals geantwortet. Mein Herz sagt nichts dahin."

Ihr Herz sagte nichts dahin – konsequenter und radikaler kann die Absage dieser Frau nicht sein, die Politik mehr mit dem Herzen als mit dem Verstand treibt, mehr mit Instinkt, Gefühl und Rechtschaffenheit als mit Klugheit.

Dritter Teil

Erstes Kapitel

„... du, glückliches Österreich, heirate!"

Die fünfundvierzigjährige Maria Theresia steht nach diesem Krieg genau dort, wo sie vorher gestanden hatte. Nicht eines ihrer Ziele hatte sie erreicht. Schlesien war nicht wiedergewonnen, Preußen nicht niedergerungen und damit die Vorherrschaft in Deutschland nicht gesichert. Frankreich, Rußland und die Türkei blieben für sie unbekannte Größen, die sich morgen schon gegen Habsburg wenden konnten. Das politische Ansehen Österreichs war gemindert, wußte man doch jetzt besser als vorher um seine schwachen Stellen; das persönliche Ansehen Maria Theresias ebenso, denn es war allzu deutlich, daß sie diesen Krieg halb und halb gewünscht, daß sie auf ihn gesetzt hatte, um Schlesien wiederzugewinnen, um sich an Friedrich zu rächen.

Der als Diplomat so viel gepriesene Kaunitz hatte eine kurzsichtige Politik getrieben, als er die Kaiserin in ihrem Entschluß zum Krieg bestärkte. Er hatte Armeestärken zusammengezählt und danach berechnet, daß Preußen gegen die vereinte Übermacht Rußlands, Frankreichs und Österreichs erliegen müsse. Doch seine Rechnung ging nicht auf, scheiterte an dem überragenden Genie des Preußenkönigs, der Feldherrnkunst und politische Wendigkeit in sich vereinigte. Als durch und durch rationaler Politiker hatte Kaunitz gemeint, Politik ließe sich berechnen, aber Friedrich II. hatte alle diese Berechnungen über den Haufen geworfen. Am Ende dieses Krieges stand Kaunitz als Gescheiterter da. Österreich war schwer verschuldet und am Ende seiner Kräfte, Böhmen, Sachsen und Schlesien waren verwüstet, dazu weite Teile Deutschlands. Die Weltmacht Österreich hatte an Ansehen schwer eingebüßt.

Doch Maria Theresia war weit entfernt davon, dies ihrem Kaunitz entgelten zu lassen. Für jeden anderen Staatsmann hätte dieser katastrophale Ausgang des Krieges Sturz, Ungnade, ja vielleicht sogar einen Prozeß bedeutet. Aber Maria Theresias Verhältnis zu Kaunitz änderte sich nicht im geringsten. Nach wie vor bewunderte sie sein staatsmännisches Geschick und vertraute ihm restlos. Kaunitz war entschieden auch jetzt die beste Lösung, seine vernünftig-kühle, überlegte Politik verlieh ein Gefühl der Sicherheit. Da mußte man ihm manche Rücksichtslosigkeiten und sonderbare Marotten im Umgang nachsehen. Maria Theresia tat es, denn sie war überzeugt, daß sie niemanden finden werde, „ihn zu supplieren". Einmal stellte sie ihm das Zeugnis aus: „Europa muß Ihnen die Gerechtigkeit erzeigen, daß ich den größten Staatsmann besitze und daß, was nur die andern nicht verderben, Ihnen jederzeit gelingt."

Trotz drückender Finanznot hielt Maria Theresia weiter einen ausgabefreudigen Hof, ließ ihrer Vorliebe für Festlichkeiten die Zügel schießen, vielleicht auch, um angesichts des nahenden Alters der Wirklichkeit zu entfliehen. Maria Theresia, die eben eine große Enttäuschung als Herrscherin erlitten hat, kommt in das psychisch so sehr belastende Alter des Klimakteriums. Sie leidet oft und verfällt in melancholische Zustände, dann wieder überwindet sie all das, indem sie sich in die Arbeit stürzt.

Ihr Lichtblick, ihre Hoffnung in dieser Zeit ist ihr ältester Sohn, Joseph. Er ist jetzt achtzehn Jahre alt und hat sich besser entwickelt, als man ursprünglich annahm. Der Knabe war schwer lenkbar gewesen, zeigte zwar Lerneifer, war aber unaufmerksam, zerstreut, in seiner Gesundheit labil. Auch hatte er bisweilen Anwandlungen von Dünkel und Überheblichkeit. Alles das ist nun überwunden. Er hängt voll Liebe an seinen Eltern, schreibt ihnen zärtliche Briefe, ist fügsam und bewundert vor allem seinen Vater.

Josephs Zukunft erscheint nach dem Ende des Krieges gesichert. Die Erwerbung der deutschen Kaiserkrone kann kaum mehr Schwierigkeiten bereiten, in Österreich scheint sich ein gewisses Mitspracherecht Josephs ohne jede Gegensätzlichkeit zur Mutter anzubahnen, besonders seit sie zwei Denkschriften Josephs kennt, kluge und überlegte Elaborate, in denen er ihr seine von ihren Grundsätzen abweichenden Ansichten niederlegte, aber ohne jede Spitze gegen die geliebte Mutter, ohne die Absicht, eine Fronde zu bilden, sondern lediglich, um der Mutter seine Auffassungen zu bestimmten Fragen sozusagen als erste Übung in einem selbständigen staatsmännischen Denken festzuhalten. Joseph will sich nicht einmischen, er will mitleben, mithelfen.

Seine Verheiratung wird angesichts der politischen Lage zu einer heiklen dynastischen und staatspolitischen Entscheidung. Eine Verbindung mit dem Haus der Bourbonen war die beste politische Lösung, die sich anbot. Die Regierung verhandelte zuerst mit dem Hof von Neapel. Die Tochter des Königs von Neapel besaß die Anwartschaft auf die Krone von Spanien. Doch die Verhandlungen zerschlugen sich. Dann tauchte eine neue Kandidatin auf: die Infantin von Parma, die eine Tochter Ludwigs XV. zur Mutter hatte. Dieser selbst wünschte die Verbindung der Enkelin herbei.

Das Bild der Infantin Isabella hatte den Kronprinzen entzückt, ebenso die Schilderungen ihrer gefühlsbetonten und schwärmerischen Persönlichkeit. Maria Theresia war nur zu geneigt, den Wunsch ihres Sohnes zu erfüllen, der „eine ganz besondere und vorzügliche Zuneigung auf die Infantin Isabella geworfen und Ihren Majestäten, zwar auf das anständigste dadurch dergestalt zu erkennen gegeben hatte, daß die elterlichen Herzen dadurch sehr gerührt und ein so geschwinder als definitiver Entschluß gefaßt wurde...", schrieb Kaunitz in dieser Angelegenheit an Starhemberg.

Maria Theresia will sich's etwas kosten lassen. Schon der Brautwerber, Fürst Wenzel Liechtenstein, wurde mit besonderem Pomp nach Parma geschickt. Mehr als dreihundert Postpferde waren dazu notwendig. Am 7. September 1760 wurde die Vermählung durch Prokuration vollzogen. Dann begab sich die neue Erzherzogin auf den Weg nach Wien. Der Kaiser fuhr ihr entgegen und führte sie dem Bräutigam und Maria Theresia zu. Die erste Begegnung erfolgte in der Nähe von Laxenburg auf offener Landstraße. Joseph fand seine hochgespannten Erwartungen an seiner jungen Gemahlin vollauf bestätigt. Am 6. Oktober begab man sich in feierlichem Zuge nach Wien.

Den Wienern machte es nichts aus, daß gerade die Nachricht von der Niederlage bei Torgau eingetroffen war. Sie säumten die Straßen, als die ungarische Leibgarde in ihren leuchtenden Uniformen einritt, sie bewunderten in der Bourbonin eine Schönheit von südländischem Charakter, deren Wesen und Gehaben allerdings durch den Tod ihrer Mutter überschattet war.

Joseph war hingerissen von Isabella, als er sie an jenem schönen Herbsttag, in einem Garten nahe der Villa Dauns, zum ersten Male sah. Die Heirat in Prokura hatte es wieder so gefügt, daß die erste Begegnung des Paares erst nach der Hochzeit stattfand.

Dem Zeremoniell gemäß begrüßte Isabella, die von Kaiser Franz geleitet wird, Maria Theresia zuerst und neigt sich über die Hand der Kaiserin. Da errötet Joseph, überwältigt von einer innigen Liebesempfindung, wie ein Knabe. Die einfühlsame Mutter ist sofort im Bilde. Während die zeremonielle Begrüßung weitergeht, hat sie entdeckt, was durch die Etikette und höfische Förmlichkeit hindurchdringt: daß zwei Herzen zueinander gefunden haben.

Es wurde eine kurze und – vom Standpunkt Josephs aus, der seine Frau über alles liebte – glückliche Ehe. Es gelang ihm nicht, Isabella aufzuheitern, deren schwer deutbare Düsterkeit wahrscheinlich einer pathologischen Veranlagung in der erblich belasteten Familie entsprang. Man suchte nach den Gründen ihrer Schwermut: Litt sie an einer frühen unglücklichen Liebe? Oder bedrückten sie vielleicht die Verhältnisse am Wiener Hof? Ihren Gemahl scheint sie nie geliebt zu haben. Sie verspürte eine aufkeimende Todessehnsucht und bekannte, daß nur die Religion sie vom Selbstmord zurückhalte.

Maria Christine, die Schwester Josephs, war ihre einzige Vertraute, mehr noch: Allmählich steigerte sich Isabella in Briefen an sie in eine Art von lesbischer Exaltation hinein, die sich in überströmenden Liebeserklärungen ausdrückte. „Ich liebe Dich wie eine Wahnsinnige. Wenn ich nur wüßte weshalb?" heißt es an einer Stelle. Zahlreiche Briefe Isabellas aus dieser Zeit sind voll von ähnlichen Gefühlsausbrüchen. Soll man daran denken, daß sie wegen ihrer Gefühllosigkeit gegenüber Joseph anderwärts nach Erfüllung ihres Liebesbedürfnisses suchte?

Beides, die übertriebenen Liebesbezeigungen wie auch die immer wieder hervorbrechende Todessehnsucht, wirkte auf die Angebetete zutiefst befremdend. Maria Christine war ein natürliches, vernünftiges Mädchen, das diese Briefe als unverständliche Entgleisungen empfand. Einmal warf sie Isabella vor, sie wolle mit ihrer Todesliebe nur andere kränken, von denen sie geliebt werde.

Die Ehe empfand Isabella unter diesen Umständen als eine drückende Bürde; die Liebe, die ihr Joseph entgegenbrachte, vermochte sie nicht zu erwidern. Doch verbarg sie ihre Kälte vor der Umgebung. Es ist möglich, daß zwei Fehlgeburten, die Isabella zunächst hatte, für ihr Verhalten mitbestimmend waren. Vielleicht lag es auch an Joseph, daß ihr die Erfüllung ihrer ehelichen Pflichten eine freudlose Angelegenheit war.

So lebte sie neben einem Gemahl, der sie zwar anbetete, für seine Gefühle aber wohl nicht den richtigen Ausdruck fand, gleichgültig dahin. Auch in ihren Briefen an die Freundin findet sich keine Andeutung einer Liebesregung zu Joseph, ja es ist bezeichnend, daß Joseph in diesen Briefen kaum vorkommt.

Am Gemütszustand Isabellas änderte sich auch nichts, als sie 1763 mit ihrem ersten Kind niederkam, einem Mädchen, das auf den Namen der Großmutter Maria Theresia getauft wurde. An Maria Christine richtete sie weiterhin Briefe voll übersteigerter Erotik und tiefster Schwermut. 1763 schreibt sie der Freundin, eine geheime Stimme kündige ihr den Tod an „und verbreitet eine Sanftmut, eine Weihe in meiner Seele, die ich nicht begreifen, noch weniger ausdrükken kann". Sie sollte recht behalten.

Isabella war weder zur Gattin noch zur Mutter geboren. Dabei war es ihre Aufgabe, den Interessen der Dynastie zu dienen, die von ihr nur eines erwartete: Nachwuchs. So lebte sie dahin, geistig rege, empfindsam, anschlußbedürftig, und doch zurückgestoßen von einer Umgebung, die nur auf die Fruchtbarkeit ihres Schoßes zählte.

Nach sechs Monaten einer neuen Schwangerschaft bringt Isabella ein totes Kind zur Welt. Das Mißgeschick ereignet sich, weil Isabella bereits von der damals so gefürchteten Krankheit der schwarzen Blattern befallen war. Joseph, der die Krankheit schon überstanden hatte, pflegte sie aufopfernd. Maria Theresia schrieb an Kaunitz: „Wir nähern uns dem tragischen Lebensende eines Engels... Alle meine Freude, alle meine Ruhe stirbt mit dieser reizenden und unvergleichlichen Tochter..."

Der Sohn litt tief unter dem Verlust, er wich nicht vom Krankenlager, auch als die Agonie eintrat und der Geruch im Krankenzimmer kaum mehr erträglich war. Am 27. November 1763 war alles zu Ende, Isabellas Wunsch erfüllt, ein Leben voll Todessehnsucht ausgelebt.

Am Wiener Hof war eine Geschichte bekannt geworden, die Isabella selbst verbreitet hatte. Nach dem Tod ihrer Mutter hatte sie die Gruftkapelle des Sommerschlosses Colorno besucht und dort vor dem Sarg gebetet. Als sie mitten in ihrem Gebet die Frage tat, wie lange sie noch von der geliebten Mutter getrennt sein müsse, ertönte vom Sarg her als Antwort die Zahl Drei. Sie erfuhr nicht, ob damit Wochen, Monate oder Jahre gemeint waren.

Maria Theresia sagte angesichts dieses Todes: „Ich habe geahnt, daß sie nicht lange unter uns bleiben wird." Vielleicht hatte sie auch etwas von der Tragödie dieser Ehe geahnt.

„Wie werde ich diese Trennung überdauern?" schrieb Joseph an den Vater der Toten; „nur um mein ganzes Leben unglücklich zu sein." Er sollte recht behalten.

Maria Theresia hat den Tod ihrer Schwiegertochter tief betrauert. „Der grausame Verlust, den ich durch den Tod meiner lieben Schwiegertochter erlitten habe", schreibt sie an die Kurfürstin Antonie von Sachsen, „raubt mir allen Trost, den ich in meiner Familie hatte. Dieser Verlust ist der empfindlichste für mein Herz. Ich verliere in ihr meine Freundin, meine Vertraute, alles."

Dennoch ist sie robuster im Ertragen und Überwinden solcher Verluste als ihr Sohn. Die dynastischen Interessen gehen bei ihr voran. Sehr bald geht sie wieder für Joseph auf Brautschau aus. Es war um so näherliegend, daß daraus ein politisches Geschäft wurde, als man sich gerade jetzt für die bevorstehende Wahl Josephs zum römisch-deutschen König der Kurstimmen versichern mußte.

Der Diplomat Kaunitz stieg nun in die Arena hinab zum Kampf um die Stimmen, von denen ihm nur die Preußens, verankert im Frieden von Hubertusburg, sicher war. Maria Theresia trieb ihn zu besonderer Eile an. Für sie war das eine wichtige habsburgische Angelegenheit, die möglichst rasch unter Dach und Fach gebracht werden mußte.

In solchem Zusammenhang muß man Josephs Wiederverheiratung betrachten, der dieser immer eigenwilliger werdende Sohn schon in den Tagen der Krönung Widerstand entgegensetzte. Aus Frankfurt schrieb er an Maria Theresia: „Ich versichere Ihnen, daß der Kampf zwischen meiner Sehnsucht, Ihnen zu willfahren, und meiner Neigung, Überzeugung und Vernunft ein grausamer ist. Ich sehe es voraus, meine Anhänglichkeit an sie wird diesen Entschluß mir entreißen, aber Gott gebe, daß es nicht zum Unglück sei für mein Leben und vielleicht für meine Seele."

Das Projekt einer Verheiratung mit einer Schwester Isabellas würde ihm diesen schweren Entschluß erleichtern. Die Mutter tut alles nur mögliche, um diesen Plan zu verwirklichen, sie weiht auch Kaunitz ein, und beide bemühen sich, gegen alle politischen Rücksichten eine Herzensverbindung durchzusetzen. Ein Brief an den König von Spanien als Oberhaupt der Familie geht ab, in dem ihm vorgestellt wird, das Glück und die Wohlfahrt der Familie Habsburg hänge von seiner Zustimmung zu der Verbindung Josephs mit Isabellas Schwester ab.

Doch in Madrid hat man schon Verhandlungen mit Parma angeknüpft. Isabellas Schwester ist bereits mit dem Thronerben Spaniens verlobt. Sie wurde es wirklich und hat sich dann als Königin höchst unköniglich benommen. Joseph ahnte nicht, was ihm da erspart blieb, denn Maria Luise entpuppte sich später als herrschsüchtig und zügellos, entbehrte als Königin jeden Pflichtgefühls und wurde schließlich durch ihre Eingriffe in die Politik zu einer Gefahr für den Staat. Der geniale Goya hat in ihrem Porträt alle Abgründe ihres Wesens ausgeleuchtet. Als deutsche Kaiserin hätte sie vermutlich eine Katastrophe heraufbeschworen.

Für Joseph war diese Abweisung des Heiratsprojektes durch den König von Spanien ein schwerer Schlag. Mißmutig begab er sich auf Brautschau, während seine Mutter ihrerseits unermüdlich über der Möglichkeit neuer Verbindungen brütete. Die Überzeugung von der Notwendigkeit einer Wiederverheiratung ihres Sohnes verband sich bei ihr mit einer gewissen Leidenschaft der Frau und Mutter, Ehen zu stiften.

Ihre Wahl fiel auf Kunigunde von Sachsen. Die Sympathien für das Haus Wettin waren bei Maria Theresia immer schon groß gewesen. Die Kurfürstin Antonie war ihre Freundin. Die Leiden des Landes Sachsen im Siebenjährigen Krieg lagen wie eine Last auf ihre Seele, sie war in ihrem Gerechtigkeitsfanatismus überzeugt, daß sie diesem Land eine Wiedergutmachung schuldig sei. Ihr Sohn Joseph konnte diese leisten.

Joseph erschien also in Teplitz, um die Prinzessin in Augenschein zu nehmen. Sie war äußerlich nicht anziehend, es wurde ihr aber Sanftmut, Klugheit und Herzensgüte nachgesagt. Joseph hielt sich an die äußere Erscheinung, die, wie er sich sehr deutlich ausdrückte, keinerlei Attraktion auf ihn ausübte. Jedoch erklärte er sich zu einem Opfer bereit. Das wünschte seine Mutter nicht. Von Mitleid für den Sohn erfaßt, konnte sie die Vorstellung, ihn in eine solche Verbindung hineinzudrängen, nicht ertragen. Sie ging also wieder auf die Suche.

Maria Josepha von Bayern wurde zu einem zweiten

Fall Kunigunde. Sie hatte bereits von deren Schicksal gehört. Da auch sie von kaum attraktivem Äußeren war – von Natur aus sehr stiefmütterlich behandelt –, weigerte sie sich zuerst, sich einer solchen „Besichtigung" zu unterziehen. Sie mußte von der Familie dazu gezwungen werden.

Das Zusammentreffen fand in Straubing statt. Die unglückliche Wittelsbacherprinzessin machte anscheinend eine noch viel schlechtere Figur als die sächsische Kurfürstentochter. Dem Vater Isabellas, dem Joseph in Erinnerung an die geliebte Gemahlin sehr ergeben war, schüttete der eben wieder zum Bräutigam Gewordene brieflich sein Herz aus. Josepha habe „eine kleine und dicke Gestalt ohne jeden Jugendreiz, Bläschen und rote Flecken im Gesicht, häßliche Zähne..." Der Brief schließt mit den Worten: „Beklagen Sie mich."

Es nützte ihm nichts. Denn jetzt verlangte auch Kaunitz gebieterisch diese Verbindung mit dem Hause Wittelsbach. Maria Theresia bedrängte, die Stimme ihres Gewissens unterdrückend, den Sohn. Joseph mußte nachgeben.

Maria Theresia hatte allerdings schwere Gewissensbisse. „Du hast eine Schwägerin und ich eine Schwiegertochter". schreibt sie nachher an eine ihrer Töchter. „Leider ist es die Prinzessin Josepha. Gegen meine Überzeugung, gegen mein Gefühl, habe ich dazu mithelfen müssen, meinen armen Sohn zu einem Entschluß zu bringen... Da aber mein Herz sich nicht in Übereinstimmung mit meiner Vernunft befindet, so kostet es mich Mühe, mich zu fassen..."

Sie fühlte es deutlich, daß sie hier als Mutter einen Fehler begangen hatte. Joseph ließ sich Gewalt antun, aber in seinem zwielichtigen Charakter – er hatte keineswegs die Großherzigkeit seiner Mutter geerbt – rächte er sich auf seine Weise. Das unglückliche Wesen, das ihm an die Seite gezwungen worden war, hat er nie berührt, die Ehe nie vollzogen. Es gelang ihm auch nicht, vor Dritten seinen Widerwillen zu verbergen, er behandelte Josepha mit verletzender Kälte, bestrafte diese Unschuldige für den Zwang, der ihm angetan worden war.

Selbst die Mutter konnte ihr Erschrecken über die Häßlichkeit der Schwiegertochter nicht verbergen, als ihr Josepha zum ersten Mal vorgestellt wurde.

Jetzt war alles zu spät. Josepha war nichts als ein armes Opfer, die Mutter aber hatte von nun ab einen widerspenstigen Sohn, dessen Verhältnis zu Maria Theresia mit der Zeit immer problematischer wurde. „Warum muß ich das Wort sagen", schreibt sie an ihre Tochter Maria Christine, „daß er es einzig für mich tat? Urteile, in welchen Zustand er mich damit versetzt hat!"

Aber das Unglück ist geschehen. Auch Gewissensbisse helfen der Kaiserin nicht mehr. Es gereicht Maria Theresia und mehr noch Franz Stephan in dieser Lage zur Ehre, daß wenigstens sie sich bemühten, Josepha gegenüber gutzumachen, was diese Verbindung und vor allem Joseph an ihr verbrochen hatten.

Joseph rächte sich weiterhin rücksichtslos und ließ auch die Mutter seine Rache fühlen. Als ihn Maria Theresia einmal brieflich bat, seiner Gemahlin zu schreiben, erwiderte er: „Lieber wäre es mir und würde mich auch weniger in Verlegenheit setzen, wenn ich an den Großmogul schreiben könnte... denn wo, zum Teufel, soll ich ein Gefühl für sie hernehmen?" Dann schreibt er Josepha wirklich einen kurzen, herzlosen Brief mit dem ironisch verletzenden Schluß, daß er sich „eine Ehre daraus macht, Ihr ergebenster Gatte zu sein".

Seine Hochzeit mit Josepha war mit dem so bezeichnenden theresianischen Prunk gefeiert worden. Dieses Fest war eine einzige Lüge, und alle Beteiligten wußten das. Aber alle wahrten das Gesicht, strahlten und heuchelten Glück.

Für Josepha wurde die Ehe zu einer andauernden Qual. Denn auch bei Hof ließ man sie bald spüren, wie überflüssig sie geworden war, als sich herumgesprochen hatte, daß Joseph an seinem Entschluß festhielt und die Ehe nicht vollzog. Zu den Kränkungen, die sie zu erdulden hatte, kam noch der Spott, als Joseph auf einem Balkon in Schönbrunn, von dem aus man von einem Schlafzimmer ins andere gelangen konnte, eine Zwischenwand anbringen ließ.

Aber der Tag von Josephas Erlösung nahte. Sie wurde von den Blattern befallen. Joseph besuchte sie nicht ein einziges Mal an ihrem Krankenlager, auch nicht, als ihr Zustand hoffnungslos geworden war. Er ging in seinem Haß so weit, daß er an der Beerdigung nicht teilnahm.

Trotz dieses katastrophalen Fehlschlages verfolgte Maria Theresia weiterhin ihre Heiratsprojekte mit einer wahren Leidenschaft. Das dynastische Interesse ging ihr dabei über alles. Traf es sich mit einer Herzensneigung, dann um so besser, wo nicht, so ohne sie.

Selbst vor ihrer Lieblingstochter, der Zweitältesten, Maria Christine, zärtlich „Mimi" genannt, machte die Kaiserin nicht halt. Der vom Herzen ihrer Tochter Erkorene, Prinz Ludwig von Württemberg, durfte es partout nicht sein, sondern Prinz Albert von Sachsen, der Maria Theresia aus Gründen der politischen Zusammenarbeit geeigneter schien.

Erzherzog Leopold, der jüngere Bruder Josephs – er sollte ihm auf dem deutschen Kaiserthron nachfolgen – war schon mit der Enkelin Herzog Franz' III. Este von Modena verlobt worden, denn sie konnte einmal Erbin seiner Staaten und aus dieser Verbindung einer Tertiogenitur (Nebenlinie) der Habsburgerdynastie werden.

Weit bessere Aussichten ergaben sich aber, wenn man Leopold mit der Infantin Maria Luise, der Tochter des Königs von Spanien, verheiratete. Winkte doch mit dieser Verbindung die Möglichkeit einer Wiedervereinigung der österreichischen und der spanischen Krone in der Hand eines späteren habsburgischen Erben, der aus dieser Ehe einst hervorgehen konnte. Aber auch ohne diese Aussichten war eine Annäherung Habsburgs an die spanischen Bourbonen von höchstem staatspolitischem Interesse.

Maria Theresia betrieb also die Entlobung Leopolds, der wie eine Schachfigur verschoben wurde, und die Verlobung mit der spanischen Prinzessin. Das Haus Modena wurde mit dem dritten Kaisersohn, Ferdinand, abgefunden. Der damals Achtjährige war um vier Jahre jünger als die ihm zugedachte Braut Beatrice. Der Herzog von Modena erhielt als Entschädigung die Stellung eines Generalgouverneurs in der Lombardei. Die ihm dadurch zufließenden Mittel erlaubten es ihm, alle Wünsche der verschwenderischen Geliebten zu erfüllen, die er sich hielt. Noch schlimmer stand es um die Brauteltern, den Erbprinzen und die Erbprinzessin von Modena. Sie hatten sich zerstritten, lebten getrennt und unterhielten ganz Italien mit ihren Skandalgeschichten.

Doch für die mit Leidenschaft Ehen stiftende Kaiserin war dies alles kein Hindernis. Die in Aussicht stehende Erwerbung Modenas, dem durch die Mutter der Braut auch die Fürstentümer Massa und Carrara zufallen sollten, lag ganz auf der allgemeinen Linie der Hauspolitik: Tu, felix Austria, nube. Es wurde also der Knabe Ferdinand Lückenbüßer für Leopold, dem nun der Weg nach Madrid offenstand.

Da machte der König von Spanien plötzlich Schwierigkeiten. Er verlangte für seine Tochter, daß Leopold nicht als einfacher Erzherzog, sondern als Souverän kommen müsse, um seiner Braut ebenbürtig zu sein. Da war guter Rat teuer, denn leider waren alle Länder Europas schon mit Souveränen „besetzt". Man hätte einen Krieg anzetteln müssen, um den einen oder anderen zu vertreiben. Von der Ländermasse des Hauses Habsburg etwas abzuzwicken verhinderten die Bestimmungen der Pragmatischen Sanktion.

Da fiel Maria Theresia der groteske Ausweg ein, ihrem eigenen Gemahl Franz Stephan sein Großherzogtum Toskana wegzunehmen, um das er sich allerdings kaum mehr kümmerte. Das aber wollte Franz Stephan bei aller Liebe zu seiner Gemahlin nicht zugeben.

Es wurde ein Ausweg gefunden: Der Habsburgererbe Joseph, der als Sohn Franz Stephans auch das Nachfolgerecht in Toskana hatte, wurde dazu gebracht, auf dieses Recht zu verzichten. Es soll ihm nicht leichtgefallen sein, und es wird großer Überredungskunst von seiten der Mutter bedurft haben, der die Toskana nie etwas bedeutet hatte. Der schwierige Charakter Josephs hätte in diesem Fall sogar bedeutendere Widerstände erwarten lassen, doch hatte er eine Schwäche für seinen Bruder und legte ihm daher nichts in den Weg.

Die erste Begegnung zwischen Braut und Bräutigam fand am 1. August statt. Die Erinnerung an die bayerische Braut Josephs ließ auch für die Spanierin das Schlimmste befürchten. War doch das Gerücht in Umlauf gekommen, die Spanierin sei häßlich, rothaarig und übel erzogen. Doch war man dann angenehm überrascht vom guten Aussehen der spanischen Königstochter.

So konnte am 2. August 1765 die Trauung mit Maria Luise in Innsbruck stattfinden. Der Bräutigam, der an einer Darmerkrankung litt, konnte sich vor dem Altar kaum aufrecht halten. Einige Tage später schwebte er zwischen Tod und Leben. Seine Eltern und die junge Gattin blieben in Innsbruck an seinem Krankenbett.

Der Tod holte sich aber ein anderes Opfer. Der sonst immer so gesunde und robuste Kaiser litt seit einiger

Zeit unter Husten und Schwindelanfällen, mit denen sich ein Herzleiden ankündigte. Als er während seines Aufenthalts in Innsbruck eines Abends nach dem Besuch der Oper, begleitet von seinem Sohn Joseph, seine Gemächer in der Hofburg aufsucht, fällt er plötzlich zusammen und sinkt Joseph in die Arme. Man ruft nach den Ärzten, dem Beichtvater – doch der Kaiser ist schon tot. Der in seinem Leben jeden Kampf vermieden hatte, kämpfte auch nicht gegen den Tod, sondern ergab sich ihm widerstandslos.

Joseph überbrachte der Mutter die Todesnachricht. Maria Theresia hatte viele Menschen, geliebte Menschen sterben sehen. Diesen Tod aber konnte sie nie überwinden. Sie hatte ihren Gatten so geliebt, daß er ein Teil ihrer selbst geworden war. Bei der Nachricht von seinem Ende soll sie wie erstarrt gewesen sein, ihre Fassungslosigkeit hinderte sie sogar, Tränen zu vergießen. Man mußte sie zur Ader lassen. Dann erst verströmte sich ihr Schmerz. Die ganze Nacht verbrachte sie in einem krampfartigen Schluchzen, niemanden wollte sie sehen oder um sich haben.

Am nächsten Morgen empfing sie nur ihre Kinder, darunter den noch kranken Leopold, der in einer Sänfte zu ihr getragen werden mußte. Die zeremonielle Kondolenz durch den Hofstaat lehnte sie ab.

Von der Bahre des Kaisers mußte man sie förmlich losreißen. Dann befahl sie, daß man ihr das lange, noch nicht ergraute Haar abschneide. Alle ihre Kleider verteilte sie unter ihre Kammerfrauen, ihren Schmuck unter ihre Töchter. Von nun an ging sie in einem schwarzen Witwenkleid, mit einer schwarzen, unter dem Kinn gebundenen Haube angetan.

Innsbruck wurde für sie zum „unglückseligsten Platz, der je auf der Welt war". Aber nach Wien zurückgekehrt, sehnte sie sich immer wieder nach der Tiroler Hauptstadt zurück, ja sie spielte sogar mit dem Gedanken, dort ihren Witwensitz zu nehmen.

Die Leiche des Kaisers wurde zu Schiff den Inn und die Donau abwärts nach Wien überführt und in der Kapuzinergruft bestattet. Dort ließ sich Maria Theresia einen Aufzug bauen, um jederzeit am Sarg ihres Gemahls beten zu können.

Den Tod dieses geliebten Menschen hat Maria Theresia nicht verwunden, sie wurde innerlich nie damit fertig. Dabei scheinen Reuegefühle eine große Rolle gespielt zu haben. Sie hatte schon seit je eine Neigung zu Skrupeln. Nun kreisen ihre Gedanken immer wieder darum, ob sie es nicht an Liebe zu ihrem Gatten habe fehlen lassen, ob sie ihn nicht im Zorn schlecht behandelt, verletzt oder gekränkt habe. Auch ihre Art, ihn aus den Regierungsgeschäften hinauszudrängen, scheint ihr in ihrer Gewissenserforschung verwerflich und verfehlt. Sie hat diese Selbstvorwürfe dadurch kompensiert, daß sie das Andenken an Franz Stephan als große Herrscherpersönlichkeit in ihren Kindern zu erhalten suchte.

Sie erhöhte ihn dadurch zu Unrecht, denn Franz Stephan war alles eher als ein Herr, der seiner Geltung bewußt war und sich durchzusetzen suchte. Was er zu geben hatte, waren kluge Ratschläge, aber er fügte sich immer wieder der stärkeren Natur seiner Gemahlin, er trat ihr gegenüber immer rücksichtsvoll zurück. In seiner stillen Vornehmheit strahlte er besonders in den letzten Jahren jene erhabene Majestät aus, die er nur äußerlich verkörperte, ohne es je wirklich zu sein.

Für Maria Theresia verklärte sich Franz Stephan nach seinem Tode zum absoluten Maß des Herrschers und Menschen. An den Erzherzog Ferdinand schreibt sie: „Du hast den besten und zärtlichsten Vater verloren, die Untertanen den größten Fürsten und ihren guten Vater, und ich habe alles verloren, einen zärtlichen Gemahl, einen vollkommenen Freund, der meine einzige Stütze war, dem ich alles verdanke." An Leopold: „Da ich seit zweiundvierzig Jahren erzogen wurde und zärtlich vereinigt war mit meinem Gemahl, habe ich in allen Widerwärtigkeiten meines unglücklichen Lebens keinen anderen Trost und Halt gehabt als in dieser reinen und ruhigen Liebe und in dieser vollkommenen Vereinigung. Ich wünsche sie dir ebenso als das einzige wahre Gut auf dieser Welt."

Man beginnt an der fanatischen Wahrheitsliebe Maria Theresias angesichts dieser offensichtlichen Verfälschung der wahren Sachlage zu zweifeln. Seine Kleinmütigkeit hat ihr oft den Halt geraubt, andererseits hatte sie stets das Heft in der Hand und alle wesentlichen Entscheidungen oft gegen seinen Rat getroffen. Sie setzt sich selbst herab mit solchen Übersteigerungen, die vor der Wirklichkeit nicht standhalten. An seiner vermeintlichen Größe mißt sie nun die Söhne, die in ihren Augen den Vater nie würden erreichen können. Es ist ein großes Lob für Joseph, wenn sie das eine oder andere Mal von ihm sagt, er habe sehr viel von seinem Vater. Doch dann schränkt sie ein: „Aber er ist weder so schön noch so vollkommen."

Nach und nach siegt das Leben in ihr, siegt das nie zu unterdrückende Bedürfnis, Herrschaft auszuüben, Entscheidungen zu treffen, zu lenken, zu regieren. Was immer sie jedoch von nun an tut, ist belastet von dem andauernden Schmerz, von der nie versiegenden Trauer. Sie lebt nur mehr ihren Pflichten. Ihr eigentliches Leben aber war mit dieser Ehe erloschen, deren Zeitdauer sie einmal genau auf einem Zettel festhielt, den man nach ihrem Tode in ihrem Gebetbuch fand: „29 Jahre, 6 Monate, 6 Tage, macht also Jahre 29, Monate 335, Wochen 1 540, Tage 10 781, Stunden 358 744." Waren es immer Stunden des Glücks gewesen?

Zweites Kapitel

Joseph, der Widerspenstige

Maria Theresia hat in ihrer Ehe mit Franz Stephan sechzehn Kinder geboren. Von ihnen haben zehn – sechs Töchter und vier Söhne – die Eltern überlebt. Die Söhne Joseph und Leopold wurden römisch-deutsche Kaiser, Ferdinand (1754 - 1806), geistig wohl das farbloseste unter Maria Theresias Kindern, wurde durch seine Heirat mit der Herzogin Maria Beatrice von Modena, der Letzten aus der Familie der Este, der Begründer des Hauses Österreich-Este, das bis 1859 in Modena regierte. Der jüngste Sohn, Maximilian Franz (1756 - 1801), ergriff die geistliche Laufbahn, wurde Hochmeister des Deutschen Ordens und 1784 der letzte Kurfürst von Köln. Durch die Ereignisse der Französischen Revolution wurde er aus seinem Kurfürstentum vertrieben. Der Zweitgeborene, Karl Joseph, starb in jungen Jahren.

Joseph ist der älteste, mit Jubel und großen Hoffnungen begrüßte Sohn Maria Theresias; er wurde am 13. März 1741 geboren. Man sah in ihm den Garanten für den Fortbestand des Hauses. Trotzdem war seine Geburt bei der damaligen großen Kindersterblichkeit eine schwache Sicherung dagegen, daß auch das Haus Habsburg-Lothringen im Mannesstamm erlöschen könnte.

Die Urteile über den Knaben Joseph stimmen darin überein, daß sie ihm Begabung zubilligen. Ebenso heißt es aber von ihm, er sei störrisch, ungefällig, hochmütig und eigensinnig. Podewils berichtet über den sechsjährigen Joseph, sein Ausdruck sei stolz und hochmütig, desgleichen sein Wesen. „Weit entfernt, ihn dafür zurechtzuweisen, bestärkt man ihn darin, und man erzieht ihn in dem alten Hochmut des Hauses

Österreich. Er duzt alle Menschen, während selbst der Kaiser sie in der dritten Person anredet. Er hat schon jetzt die höchste Vorstellung von seinem Rang, und es ist nicht lange her, daß er zu irgend jemandem gesagt hat, er sei bei ihm in Ungnade gefallen. Er ist außerordentlich lebhaft und kann nicht an einer Stelle bleiben. Da er anfangs sehr mürrisch schien, tat man alles in der Welt, um ihm Lebhaftigkeit einzuflößen, und das ist nur zu gut gelungen. Er ist halsstarrig und eigensinnig."

Maria Theresia selbst, die gütige und leicht verzeihende Mutter, vermerkt seinen Starrsinn, seine Ungebärdigkeit, auch seine Faulheit. Bartenstein muß sie sogar einmal trösten, als sie an dem Kind zu verzweifeln beginnt. Er meint, in dem Knaben stecke mehr, als an ihm sichtbar sei.

Aus einer Instruktion der Kaiserin an den Erzieher geht hervor, wie sehr Maria Theresia sich um das Kind sorgte. Es heißt hier: „Obwohl er viele Anzeichen eines guten Herzens von sich gibt, so ist es sicher, daß seine große Lebhaftigkeit, die man ehemals nicht vermutet, von welcher aber man in vielem zu seinem Besten wird profitieren können, dermalen merklich zunimmt, woraus dann ernstlich heftige Verlangen entstehen, seinen Willen in allen kleinen Gelüsten zu erfüllen... Eine von den Neigungen, die am meisten bekämpft und abzuwenden gesucht werden müssen, ist die aus seinem aufgeräumten Gemüte entstehende Lust, an jedermann die äußerlichen und auch innerlichen Fehler alsbald zu beobachten, sich davon einnehmen zu lassen, darüber zu spotten, was nicht allein wider die Nächstenliebe verstößt, sondern ihn auch an einem vernünftigen Urteil hindert, damit er lernen möge, ohne unnötige Neugierde den wahren, soliden Wert in jedermann zu schätzen."

Die Mutter war schlecht beraten, als sie einen groben Haudegen zum Erzieher des Kindes bestimmte:

den Grafen Karl Batthyány. Der zuerst verzärtelte Knabe, dem die Mutter alles nachsah, kam nun plötzlich in die rauhe Luft soldatischer Strenge. Er wurde dadurch nur noch störrischer. Schon den einfachsten Anordnungen beim Schlafen, Anziehen und Essen setzt er den Protest der wienerischen Phrase „I mog net" (Ich mag nicht) entgegen. Damit richtete er allerdings nichts aus. Als er sah, daß jeder Widerstand von seiner Seite wirkungslos verpuffte, vermochte er sich nach anfänglichen Protesten allmählich zu fügen. Dennoch blieb eine innere, verstockte Widerborstigkeit in ihm zurück, die sich beim Erwachsenen in einer für die Mutter besonders peinlichen und schmerzvollen Art fortsetzen sollte.

Die Schwierigkeiten zeigen sich mehr in der Entwicklung des Charakters, weniger beim Unterricht. Dieser wurde von Jesuiten erteilt und ging eher in die Breite als in die Tiefe. Joseph zeigte hier ein erstaunliches Gedächtnis. Auch die körperliche Ertüchtigung hatte ihren Platz – Joseph liebte sie sehr –, ebenso die Musik.

In dem Maße, wie der Junge heranwuchs, milderte sich seine Widerborstigkeit. Joseph zeigte mehr und mehr Schliff, wurde gewinnend im Umgang und wirkte angenehm durch seine schöne körperliche Erscheinung, durch seine leuchtend blauen Augen.

Ob diese Wandlung Frucht der Erziehung oder Ergebnis innerer Entwicklung ist, kann man schwer sagen. Vielleicht überdeckte sein Wohlverhalten nur eine innere Zerrissenheit, die später, etwa in seinen Beziehungen zur zweiten Gemahlin oder zu seiner Mutter, wieder zum Ausbruch kam. Das störrische Kind setzte sich hier im regierenden Souverän fort.

Aus der Ära von Haugwitz und den ersten Jahren des Wirkens von Kaunitz finden sich noch keine Zeugnisse dafür, daß Joseph sich für Politik interessiert hätte. Als er einmal an einer Sitzung des Staatsrates teilgenommen hatte, verfaßte er darüber an seine Mutter einen Bericht, in dem er – sicher nicht zur Freude Maria Theresias – seinen Hohn über diese Institution ausgoß. Da heißt es: „Ein junger Mann ohne Erfahrung und ohne großen Fleiß, glaubte ich mich unter Solonen und Lykurgen zu befinden und nur Orakelsprüche zu hören... Die langen Reden und die häufigen Erörterungen, welche bei dieser Gelegenheit stattfanden, waren so sublim, daß ich weder deren Stärke noch ihren Zusammenhang begreifen konnte, sondern, nur Worte vernehmend, übel genug beraten war, an andere Dinge zu denken, während ich doch alle die künstlichen Verdrehungen in mich hätte aufnehmen und einsaugen sollen, die man der Vernunft und dem gesunden Menschenverstand gab." Das zeugt für Spottlust wie für Mangel an Interesse.

Nach dem Tode Isabellas ist Joseph so niedergeschlagen, daß er auch in bezug auf die Politik zunächst apathisch bleibt. Doch die Mutter reißt ihn durch die Ereignisse um seine Wahl zum Römischen König doch aus seiner Lethargie. Nur widerwillig fügt er sich, noch immer tief vergraben in sein Leid. „Mit meiner berechtigten Trauer bin ich jedermann zur Last; ich muß daher alles in mich selbst hinabwürgen und mich den ganzen Tag verstellen", schreibt er an seine Mutter, „immer schwebt das Bild meiner geliebten Gattin mir vor Augen."

Am Abend des Krönungstages schreibt er seiner Mutter: „Wenn Sie, teuerste Mutter, fortfahren wollen, in mir nur einen Sohn und Untertan zu sehen, so werde ich auf dem Gipfel des Glückes sein. Keine Schonung, ich bitte Sie darum, befehlen, verbieten Sie, tadeln Sie mich wie früher, denn ich bedarf Ihrer Leitung, und das wenige Gute, das vielleicht an mir ist, stammt einzig und allein von Ihrer Sorgfalt; diese Ehre muß man Ihnen lassen. Vervollkommnen Sie mich durch Ihre Einwirkung..."

Das ist ein rührendes Treuegelöbnis einer Mutter gegenüber, die der Sohn in einer Überlegenheit gegenüber sich selbst sieht. „Ich will trachten, so ganz zu sein wie Sie", heißt es weiter in dem Brief, „und das wird mir genügen, indem ich glauben werde, zur Vollkommenheit gelangt zu sein, und das ebensosehr hinsichtlich politischer Anschauungen als solcher, die das Privatleben angehen." Doch hat Joseph sich später nicht immer an diese Maxime gehalten; er wurde ein sehr eigenwilliger Sohn.

Der Tod der ungeliebten zweiten Gattin war für Joseph eine Erlösung. Um so härter traf ihn der Tod des Kindes seiner unvergeßlichen Isabella, Maria Theresia. Der noch nicht Dreißigjährige verlor damit die letzte Bindung an die eigene Familie.

„Ich habe aufgehört, Vater zu sein", schrieb er schmerzerfüllt an die Erzieherin seiner verstorbenen Tochter, „und das ist mehr, als ich zu ertragen vermag. Trotz meiner Ergebung kann ich mich nicht enthalten, jeden Augenblick zu sagen und zu denken: Mein Gott, gib mir meine Tochter, gib sie mir zurück."

Dieser Zusammenbruch seines häuslichen Glückes wird der Anstoß für seine Hinwendung zur Politik. Jetzt ist er soweit, daß sich hier seinem Wirkungsdrang ein Ventil öffnet, daß sich ihm jener Raum der Verantwortung und der Berufung erschließt, der für ihn ebenso bedeutend wird wie für seine Mutter.

Nach dem Tode Franz Stephans hatte ihn die Mutter zum Mitregenten ernannt. Sie dachte dabei vor allem an eine Entlastung von Regierungsgeschäften, wobei sie sich aber immer das letzte Wort vorbehalten wollte. Es ging ihr also um Teilung der Arbeit, der Verantwortung, nicht aber um Teilung der Macht. In einem Nachsatz des Dokuments, das die Mitregierung bestimmt, heißt es, sie verstehe sich dazu, „ohne von der eigenen üblichen Beherrschung Unserer Staaten ganz oder zum Teil etwas abzugeben".

Der Sohn hätte also die Rolle eines Werkzeugs in ihrer Hand spielen sollen. In solchen Erwartungen wurde Maria Theresia jedoch bald enttäuscht. Joseph kompensierte den Verlust seiner Familie mit der Politik, einer Politik neben seiner Mutter, aber auch gegen sie.

Das galt vor allem für die Außenpolitik. Als Kaiser trieb Joseph von Anfang an die Reichspolitik ganz unabhängig. Die Linie seines politischen Handelns lag dabei im Sinne einer Stärkung des Reiches, wenn sie zugleich eine Stärkung Österreichs bedeutete. Hier stieß er bald auf Grenzen, die durch kleinliche Machtansprüche der Reichsfürsten gesetzt wurden. Es wiederholte sich hier das jahrhundertealte politische Spiel des sterbenden Reiches. Enttäuscht wandte sich Joseph der österreichischen Hausmachtpolitik zu.

Seine Auffassungen standen hier im Gegensatz zu denen seiner Mutter. Diese unterwarf ihre politischen Entschlüsse einem empfindlichen Rechtsstandpunkt, der für sie auch dann maßgebend war, wenn die Wahrung und Mehrung des Habsburgerstaates auf dem Spiele stand. Joseph war ein bisweilen skrupelloser Machtpolitiker, der Vorteile auch dann zu nutzen verstand, wenn sie sich nicht immer mit dem Rechtsstandpunkt deckten. Damit stand er Kaunitz wesentlich näher als seiner Mutter. An ihm fand Joseph einen Verbündeten. Es war Kaunitz, der dann im Verein mit Joseph auch gegen Maria Theresia auftrat.

Im allgemeinen bildete jedoch der Kanzler eher eine Brücke zwischen den beiden. Der junge Mitregent trat dem Berater seiner Mutter mit Sympathie entgegen. Eines aber mißfiel ihm, gerade das, was seine Mutter besonders an Kaunitz schätzte: die breite Art seines lehrhaften Vortrags, bei dem er gegenüber Maria Theresia alle seine diplomatischen Künste spielen lassen konnte. Joseph war viel zu ungeduldig, um hier zuzuhören. Kaunitz hatte sich auch die Kaiserin in der

Einteilung seines Arbeitstages unterworfen, sie nahm Rücksicht auf sein persönliches Behagen und auf seine hypochondrischen Marotten. Joseph vermochte das nicht, das Tempo der Geschäfte bestimmte allein er. Ihn kümmerte auch wenig die mimosenhafte Empfindlichkeit des Staatskanzlers.

Dieser hatte seinen jugendlichen Gegner bald durchschaut. Mit kluger Diplomatie ging er daran, ihm mit Hilfe der Mutter eine Schlappe beizubringen. Er benutzte den Sommer 1766, als sich Joseph zu den Manövern nach Böhmen begab, um Maria Theresia mit einem Entlassungsgesuch zu überraschen. Unmittelbar danach begab er sich auf seine mährischen Güter.

Maria Theresia war tief getroffen, sie fühlte sich verlassen und hilflos, Kaunitz gehörte zu den unentbehrlichen Stützen ihrer Regierung. Selbst Joseph war besorgt.

Fast demütig erbat die Kaiserin von ihrem Kanzler die Fortführung der Geschäfte. „Ich verdanke Ihnen so vieles und bin so zufrieden damit, daß ich nichts wünsche als die Fortsetzung Ihrer Achtung und daß Sie meinem Herzen und meiner Denkungsweise nicht Unrecht tun möchten. Der leiseste, selbst nur vorübergehende Verdacht würde mich aufs äußerste verletzen. Und da ich auch Ihnen Gerechtigkeit widerfahren lasse, so wünsche ich nichts anderes, als daß Sie sich bei dem geringsten Zweifel gegen Ihre beste Freundin mit Offenheit erklären. Darin besteht das einzige Mittel, um in Ruhe zu leben, während man die übrigen denken und reden läßt, was sie wollen." Solchem Drängen konnte Kaunitz nicht widerstehen.

Kaunitz und Joseph waren jedoch einig in ihrer Gegnerschaft zu jener Regierungsmaxime der Kaiserin, in der Politik den Moralgesetzen Geltung zu verschaffen. Das brachte Kaunitz und Joseph einander immer näher, schließlich verbündeten sich beide gegen Maria Theresia, wenn sie dem Nützlichkeitsstandpunkt bei politischen Entscheidungen Geltung verschaffen wollten.

Die durch und durch christliche Politik Maria Theresias war den Freigeistern Joseph und Kaunitz unverständlich. Sie haben dann oft, beide einträchtig vereint, die Herrscherin auf Wege gedrängt, die ihren christlichen Überzeugungen zuwiderliefen. Wenn aber Josephs Temperament mit ihm durchging, und er die penetrant-belehrende Art des Staatsmannes nicht mehr ertragen konnte, war es doch wieder sie, die Kaunitz helfend beisprang.

In diesem seltsamen Machtdreieck, in dem die Partner ständig wechselten, spielte sich die österreichische Politik der späteren Regierungsjahre Maria Theresias ab. Es war ein Sieg des Kanzlers über Joseph, daß er den Tod der Kaiserin in seiner Stellung überlebte und noch einige Zeit der Berater des Monarchen blieb. Miteinander konnten beide jetzt Machtpolitik betreiben, der Hemmschuh des moralischen Gewissens war beseitigt.

Maria Theresia, der Josephs amoralische Nützlichkeitspolitik ein Greuel war, hatte in ihrem späteren Alter nicht mehr genug Widerstandskraft, um das Steuer der Außenpolitik herumzureißen. So stimmte sie einmal murrend einer außenpolitischen Entscheidung mit Worten zu, denen man deutlich ihre Mißbilligung entnimmt: „Placet, weil so viele gelehrte Männer es wollen. Wenn ich aber schon längst tot bin, wird man erfahren, was aus dieser Verletzung von allem, was bisher heilig und gerecht war, hervorgehen wird." Sie lebte noch in den alten politischen Vorstellungen von Recht und Treue, mit ihrem Sohn jedoch hatte das neue machtpolitische Zeitalter begonnen, dessen unseliges Erbe der Imperialismus des neunzehnten Jahrhunderts wurde.

Der kühle, ganz vom Verstand geleitete, areligiöse,

bindungslose Joseph mußte auch in der Innenpolitik bald zu ganz anderen Entscheidungen und Auffassungen gelangen als die patriarchalisch-warmherzige Mutter, die in ihren Untertanen ganz familiär die Landeskinder sah.

Schon das Heerwesen, dessen Wiederaufbau unter Mithilfe Dauns ihr Werk gewesen war, überließ sie dem Sohn nur schweren Herzens. Hier konnte sie aber zustimmen, denn Joseph setzte, gelenkt von einer gewissen Neigung zum Militärwesen, in kluger Weise fort. Natürlich hätte sie sich nie in dieser Weise engagieren können, wie Joseph dies nun tat: durch Besuche der Kriegsschauplätze, Inspektion der militärischen Einrichtungen und Befestigungen an Ort und Stelle, Teilnahme an Übungen usw. Schon als Kind war Joseph vom Soldatenspiel begeistert, der Herrscher zeigte sich fast nur in Uniform.

In der Wirtschaftspolitik folgt Joseph bald seiner Neigung, alles unter der obersten Richtschnur des Verstandes, des „bon sens" zu sehen. Er beginnt mit rigorosen Sparmaßnahmen bei den öffentlichen Ausgaben. Der Hof wird das erste Opfer. Joseph löst seinen eigenen Hofstaat auf, entläßt die Schweizergarde, verringert die Ausgaben für das Jägermeisteramt und veranstaltet eine wilde Jagd auf verschiedene Schmarotzerposten am Hof, die sich im Verlauf der Jahrzehnte unter Maria Theresia eingeschlichen hatten. Er löst damit zahlreiche Beschwerden aus, deren Ziel natürlich die Kaiserin wird, deren Stärke die Sparsamkeit nie gewesen war. Doch sie erkennt die Richtigkeit mancher Maßnahmen des Sohnes, bemüht sich nur da und dort, Härten zu lindern. Das hindert nicht, daß der nicht sehr rücksichtsvolle Sohn oft auch die Mutter direkt mit seinen Anordnungen trifft.

In der Wirtschaftspolitik konnte Maria Theresia keine Alternativen zeigen, weil dies ein Gebiet war, das sie selbst nicht beherrschte, in dem sie sich ganz auf ihre Ratgeber verlassen hatte. Die theoretischen Gedankengänge der Wirtschaftspolitik waren ihr fremd, sie war mehr Praktikerin. Was sie begreifen konnte, war am ehesten noch die bäuerliche Wirtschaft. Hier kam es auch zu den größten Unstimmigkeiten mit dem Sohn. Dabei war es beider Ziel, dem Bauernstand zu helfen.

Als es Mitte der siebziger Jahre zu Bauernunruhen in Böhmen kam, prallten Mutter und Sohn hart aufeinander. Die Fronten bildeten sich vor allem bei den Auffassungen über die Robot. Hier war Maria Theresia sogar für die modernere, zukunftsweisendere Lösung: die Bauern überhaupt von allen Lasten zu befreien. Joseph dagegen war durch die Bedenken der Gutsbesitzer beeindruckt und wirkte bremsend. Seine Auffassung setzte sich schließlich durch. Dagegen ging Maria Theresia auf ihren Krongütern eigene Wege und ließ dort die Zwangsarbeit überhaupt abschaffen. An ihre Stelle traten milde Geld- und Naturalleistungen.

Auch das reisefreudige Gehaben des Sohnes wurde von der Mutter kritisch betrachtet, seine Popularitätshascherei, dieses Buhlen um die Liebe des Volkes. Natürlich hatte die Mutter derlei nicht notwendig, ihr waren schon zu Beginn ihrer Regierung alle Herzen zugeflogen. Sie verstand nicht einmal ein Argument Josephs, das seinen Regierungsqualitäten alle Ehre machte, nämlich seinen Drang, alle Verhältnisse des großräumigen Reiches aus eigener Anschauung kennenzulernen. Für ihn waren seine Reisen Lehrausflüge, er wollte die so verschiedenartigen Verhältnisse der einzelnen Länder gründlich in Augenschein nehmen, um sich zu orientieren und danach Beschlüsse zu fassen. Das alles konnte die immer unbeweglicher werdende Mutter nicht begreifen.

Noch ein Gebiet gab es, in dem Mutter und Sohn einander nicht verstehen konnten: das des Glaubens.

Joseph stand auf dem Standpunkt völliger Glaubensfreiheit. Seine Vorstellungen waren nicht mehr konfessionsgebunden – eine für die damaligen Verhältnisse sehr ungewöhnliche Auffassung –, und seine religiösen Vorstellungen näherten sich einem unbestimmt bleibenden Gottesglauben, der für den Staat fruchtbar gemacht werden sollte. Joseph wollte eine Staatsreligion, möglichst ohne Kirche, völlige Freiheit des Kultus, vor allem völlige Gewissensfreiheit, „solange der Dienst des Staates besorgt, das Gesetz der Natur und der Gesellschaft beobachtet wird"... Dann ruft er den Dienern der Kirche zu: „Was habt ihr zeitlichen Verwalter euch in andere Dinge einzumischen? Der Heilige Geist soll die Herzen der Menschen erleuchten; eure Gesetze werden nie etwas anderes erreichen, als seine Wirkungen zu schwächen!"

Hier fehlt zwischen beiden jede Brücke des Verständnisses. Sie, in strenggläubiger Kirchlichkeit aufgewachsen, der die katholische Religion etwas Selbstverständliches ist, kann angesichts solcher Gedankengänge nur Zuflucht zum Gebet nehmen. Denn gerade die Toleranz und die religiöse Gleichgültigkeit führt für Maria Theresia zur völligen Zerstörung der staatsbürgerlichen Einstellung der Untertanen. Natürlich will auch sie keine religiösen Verfolgungen, aber noch weniger will sie den „Tolerantismus".

Joseph rannte immer wieder gegen die Grenzen an, die ihm als Mitregenten gesteckt waren. Das machte das Verhältnis zur Mutter von Jahr zu Jahr schwieriger. Maria Theresia ließ sich die Zügel der Regierung nur zäh entwinden; je erschreckender für sie die Erkenntnis des Andersseins Josephs war, um so ängstlicher hielt sie an ihren Entscheidungen fest.

Dieser ganz aus der Art ihres Denkens geschlagene Sohn war etwas Bedrückendes in ihrem Leben. Was nutzte es da, ihm brieflich die Leviten zu lesen, zum Beispiel am 14. September 1766: „Mein lieber Herr

Sohn... Hüte Dich wohl, Dich in Böswilligkeiten zu gefallen. Dein Herz ist noch nicht böse, aber es wird es werden. Es ist hohe Zeit, nicht an all diesen Wortspielen, diesen geistreichen Redensarten Gefallen zu finden, die nur darauf abzielen, die anderen zu demütigen und lächerlich zu machen; dadurch entfremdet man sich alle anständigen Leute und macht sie glauben, daß das menschliche Geschlecht nicht verdient, geschätzt zu werden, während man doch durch seine eigene Handlungsweise alles, was gut ist, entfernt und sich bloß die Schurken, die Nachahmer und schmeichlerischen Bewunderer seiner eigenen Talente erhalten und ihnen allein die Pforte geöffnet hat... Nach dieser langen Predigt, die Du meinem Herzen verzeihen wirst – liebe ich Dich und meine Länder doch allzu innig –, will ich Dich mit allen Deinen Gaben und Annehmlichkeiten einem Vergleich unterziehen. Du bist eine Kokette des Geistes, und wo Du diesen zu finden glaubst, läufst Du ganz urteilslos hinterher. Ein Wortspiel, ein besonderer Satz beschäftigt Dich, Du mögest sie in einem Buche lesen oder von irgend jemand hören. Dann wendest Du sie bei der ersten Gelegenheit an, ohne recht zu überlegen, ob sie auch wirklich passen... Indem ich diesen Brief schließe, nehme ich Dich beim Kopf, umarme Dich zärtlich und wünsche, daß Du mir die Langeweile dieser üblen Reden verzeihen mögest; sieh nur auf das Herz, aus dem sie hervorgehen. Ich wünsche ja nichts, als Dich von aller Welt als so geschätzt und geliebt zu sehen, wie Du es verdienst. Ich bleibe immer Deine gute alte Mutter."

Gerade diese Briefstelle bringt haarscharf die Trennungslinie zum Ausdruck, an der sich beide Geister schieden: hier der verstandeskalte Intellekt, der aber dennoch die von der Mutter ererbte Gefühlskultur in sich nur mühsam überdecken und eindämmen kann, dort eine Natur, die nur aus dem Herzen lebt, mit natürlichen Aversionen gegen jeden überspitzten Intellektualismus, ja gegen theoretisches Denken überhaupt. Beide waren sich nur in dem Ziel einig, für das Wohl ihrer Völker zu regieren, ihre Wege aber waren ganz verschieden. Beide glaubten an die Berufung durch die göttliche Vorsehung, doch an das Gottesgnadentum glaubte Joseph nicht mehr. Als erster Beamter seines Staates fühlte er sich verpflichtet, den in seinen Augen völlig gleichen Untertanen zu dienen, für das „Glück der größten Zahl" von ihnen zu sorgen. Anstelle der Machtpolitik setzte er die Wohlfahrtspolitik, anstelle der Selbstherrlichkeit des Regenten den Dienst am Volkswohl. Erst dieser Dienst war ihm Vollstreckung gottgegebenen Rechtes.

Maria Theresia war diesen staatsphilosophischen Gedankengängen nicht gewachsen, ihre geringe Fähigkeit für abstraktes Denken versperrte ihr jeglichen Weg zum Verständnis. Sie hat immer aus der Praxis heraus regiert, hat einen patriarchalischen Absolutismus praktiziert, ohne ihre Gedanken an theoretische Grundlagen zu verschwenden. Dazu lebte sie auch zu sehr für die Entscheidung des Tages.

Sehr wohl aber besaß sie ein sittliches Fundament, eine moralische Richtschnur ihres Handelns, der sie sich strengstens unterwarf: das Evangelium und die Gebote der Kirche. Dabei trat ihr ein unerschütterlicher, naiver Glaube an einen Vatergott zur Seite, der ihr nicht nur Gesetzgeber, sondern auch Berater und Tröster war, an den sie sich immer im Gebet wenden konnte, aus dem sie ihre Kraft zur Entscheidung schöpfen konnte, einer Entscheidung, die immer auf die Normen des rechten Tuns hin geprüft wurde. Ihr Glaube durchdrang ihr politisches Handeln. Der Sohn aber vermochte leicht, beides zu trennen.

In dieser Vereinigung zwischen Glauben und Handeln zeigt sich der großartig geschlossene Charakter der Kaiserin. Alles in ihr läuft auf eine Harmonie zu, auf die Vereinigung der Gegensätze unter der Richtschnur des Sittengesetzes, auf eine Vereinigung in Gott und mit Gott; der um so viel komplexere, in sich zerrissene Charakter des Sohnes vermochte ihr hier nicht zu folgen. Er konnte in Fragen der Regierung der Mutter gegenüber hart und herzlos sein – und im nächsten Augenblick sich ihr in die Arme werfen, sie liebend umsorgen, etwa wenn ihr Gesundheitszustand schwankend wurde. Der Mutter gegenüber fiel er von einem Extrem ins andere – ein Zustand, an dem beide leiden mußten.

Joseph konnte immer wieder zum liebenden Sohn werden, und doch stand der Kampf zwischen ihnen, in dem sich diese beiden starken Persönlichkeiten aufrieben. Gerade die Eigenschaften, die beide miteinander gemeinsam hatten, Pflichttreue, Arbeitseifer, ein fanatisches Streben nach Wahrheit und Gerechtigkeit, lieferten immer neue Konfliktstoffe, weil der Sohn diese Eigenschaften ins Maßlose steigerte, weil er nirgends Grenzen finden konnte.

Drittes Kapitel

Leopold, der Vermittler

Leopold ist neben Joseph der zweite Sohn Maria Theresias, der zur Kaiserwürde aufstieg. Am 5. Mai 1747 geboren, ist er zugleich der Sohn eines regierenden Kaisers des Heiligen Römischen Reiches Deutscher Nation.

Der Knabe besaß nicht die glänzende Auffassungsgabe seines Bruders Joseph, er war der stetige, verläßliche Schüler, ein wißbegieriger Büchernarr, in späteren Jahren Freude und Stolz seiner Lehrer. Wie seine Geschwister von Anfang an zur Erfüllung der religiösen Pflichten angehalten, zeigte Leopold später keine religionsfeindlichen Neigungen wie sein Bruder. Durch den Tod seines Bruders Karl und seiner Schwester Johanna verlor Leopold zwei ihm sehr nahestehende Geschwister; er vereinsamte gerade in der für seine Charakterbildung so wichtigen Periode der Pubertät, da er zu dem um sechs Jahre älteren Joseph kein richtiges Verhältnis finden konnte.

Maria Theresia verfaßte eine eingehende Charakteristik ihres damals vierzehnjährigen Sohnes. In dieser an seinen Erzieher gerichteten Denkschrift lesen wir: „Er ist träge und faul, in diesem Punkt müssen Sie mit Genauigkeit arbeiten. Sie müssen darauf achten, daß er sich sitzend, stehend oder gehend ohne Verrenkungen hält, denn in seinem Alter nehmen junge Leute oft eine Gewohnheit an, die ihnen dann für immer bleibt. Er ist ganz voll derartiger Unarten... Er ist sehr empfänglich für Vorurteile, und er gibt sie nur schwer auf, da er von sich selbst eine zu gute Meinung hat und es nicht liebt, um Rat zu fragen oder diesen zu befolgen. Leopold hat von Natur ein gutes, großmütiges und mitleidiges Herz. Er ist wissensdurstig und möchte sich sogar in die abstraktesten Materien vertiefen. Er ist recht geschickt in seinen Aufgaben, aber er hat zugleich eine falsche Scham, die ihm unendlich schadet. Er sucht seine Ziele durch Listen und auf krummen Wegen zu erreichen, die man ihm nicht angehen lassen darf. Ich wünschte, daß er in Miene und Haltung freier, offener und sicherer wäre, in Aussprache und Stimme weniger grob, in Benehmen und Ausdrucksweise gewinnender..."

Neun Monate später erstattet dieser Erzieher, Graf Franz Thurn, der Kaiserin Bericht und gibt ein sehr ungeschminktes Bild des jungen Erzherzogs, der nun mitten in den berüchtigten Flegeljahren steht: stets übel gelaunt, träge, gehemmt, an Kindereien interessiert, unaufrichtig, sein Äußeres vernachlässigend, mit einer Neigung zum Spucken und Nägelbeißen.

Trotz dieses ungünstigen äußeren Bildes kann der Erzieher über große Studienfortschritte berichten, besonders in Religion, Geographie, Geschichte. Leopold ist ein Rechentalent, auch sehr geschickt im Turnen, aber behindert durch die Neigung, jede körperliche Anstrengung zu vermeiden. Besonderes Interesse entwickelt Leopold für die Naturwissenschaften, für Technik und Industrie.

1765 trat der jungverheiratete Leopold seine toskanische Regentschaft an, von seiner Mutter mit genauen Instruktionen versehen, aber auch mit einer gehörigen Portion Selbständigkeitsdrang. Der Erzieher Graf Thurn wurde ihm als „verlängerter Arm der Mutter" beigegeben. Durch den Tod Franz Stephans vom Regenten zum Souverän erhoben, streifte er sofort alle Fesseln ab, die ihm die Mutter von Wien aus angelegt hatte, und begann, durch den freundlichen Empfang der Italiener bestärkt, kräftig zu regieren.

Es brach auch bald ein Konflikt mit Wien aus, aber nicht mit der Mutter, sondern mit dem Bruder Joseph. Dieser verlangte von Leopold aufgrund einer Testamentsbestimmung die Herausgabe von zwei Millionen Gulden, die der sparsame Vater Franz Stephan in Florenz deponiert hatte und mit denen die durch den Siebenjährigen Krieg ins Ungemessene angewachsene Staatsschuld Österreichs vermindert werden sollte. Leopold hatte aber den Plan, sich mit diesem Geld, das er für großzügige Meliorationen verwenden wollte, bei seinen jüngst erst zugewachsenen Untertanen in ein günstiges Licht zu setzen. Das Verlangen des Bruders war für ihn ein harter Schlag.

Zunächst stellte sich Leopold schwerhörig. Doch die Briefe Josephs wurden immer dringlicher. Da stellte ihm Leopold vor, die Toskana würde durch die Ablieferung des Geldes ruiniert werden, und schlug ihm eine komplizierte Finanzoperation vor, durch die das Geld für die Toskana gerettet werden konnte. Joseph lehnte ab. Die Brüder brachten nun ihren Streit vor die Mutter.

Maria Theresia sah sich in einer schwierigen Lage. „Zwischen zwei Söhnen sehe ich Zwietracht entbrennen", schrieb sie sorgenvoll an Joseph, „und das wegen einer Sache, die es nicht verdient, eine Freundschaft und ein so zartes und heiliges Band zu stören." Dann versicherte sie, sie könnte in Leopolds Schreiben an Joseph nichts Ungehöriges finden, warf aber Joseph vor, sein Billett zeige „viel üble Laune".

Wenige Tage später liest sie ihm gehörig die Leviten: „Wenn Du Dich ihm gegenüber stets in jener Überlegenheit und dem Abstand gehalten hättest, den die Natur und Deine Geburt Dir gegeben haben, wäre Dein Brief unentschuldbar, aber denke doch selbst daran, wie oft Du eher der Jüngere als der Ältere gewesen bist."

Dieser Brief verfehlte seine Wirkung nicht. Joseph lenkte ein. Maria Theresia aber begnügte sich nicht damit, Joseph allein in die Schranken zu weisen, sie attackierte auch Leopold indirekt durch Thurn, der bei diesem eine Vertrauensstellung erworben hatte. In einem Schreiben an ihn spricht sie direkt von Leopolds üblem Charakter, „der sich allmählich entwickelt und auf den zu achten ich Ihnen nicht genug empfehlen kann und der ihm und uns alles Unheil bringen könnte". Leopold habe Joseph unnötig gereizt. Thurn befand sich nun in einer heiklen Lage, doch zog er sich insofern geschickt aus der Schlinge, als er alles auf Leopold, dessen Selbständigkeitsstreben als Herrscher und die Fürsorge für sein Land schob.

Tatsächlich war die Lage Leopolds schwierig. Was sollte er mehr sein, Souverän seines Landes oder Mitglied des Erzhauses und gehorsamer Sohn? Es war seine Art, alles leidenschaftslos gegeneinander abzuwägen, und er mußte dabei wohl erkennen, daß er in dem Streit der Schwächere war. So wählte er den Weg der Kapitulation vor dem älteren Bruder und sandte das toskanische Geld nach Wien.

Maria Theresia zog aus der Beilegung dieses Streites eine seltsame Konsequenz. Sie sandte einen neuen „Bewacher" in die Toskana, den Grafen Franz Rosenberg-Orsini, der besser funktionieren sollte als Thurn. Diesem hatte ein Tadelsbrief Maria Theresias das Herz gebrochen. Leopold betrauerte seinen Tod tief.

Daß der Großherzog nach dem Schlag, dem ihm hier versetzt wurde, gegen die Mutter einen gewissen Groll hegte, ist wohl anzunehmen, aber nicht belegt. Sie hatte das Selbständigkeitsstreben des neunzehnjährigen Sohnes drastisch beschnitten. Die Konflikte wurden aber durch die kluge Haltung des Diplomaten Rosenberg entschärft, der das Vertrauen Leopolds gewann, ohne das Maria Theresias zu verlieren.

Zugleich begann der junge Leopold, eine umsichtige Herrscherbegabung zu entfalten, entwickelte eine für sein Alter erstaunliche Arbeitskraft, Urteilsfähigkeit und Klugheit. In diesem Geiste betrieb Leopold in seinem Lande eine umfangreiche Reformtätigkeit, wobei er sich immer mehr auf italienische Berater stützte. Damit verfolgte er auch die Nebenabsicht, sich von allen Wiener Einflüssen zu befreien.

In kürzester Zeit hatte er sich in die wirtschaftlichen Probleme seines Landes eingearbeitet, so daß er sich in vielen Fällen ein eigenes Urteil bilden konnte. Vorsichtig und mit großer Umsicht leitete er nach und nach eine wirtschaftliche Blüte der Toskana ein, im kleinen Maßstab das, was Joseph und Friedrich II. in ihren Ländern sein wollten: erste Diener ihres Wohlergehens zu sein.

Aber nicht nur die Regierungstätigkeit Leopolds festigte allmählich seine Stellung gegenüber Wien. Je mehr es zur Gewißheit wurde, daß Joseph ohne Nachkommen bleiben würde, desto wichtiger wurde Leopolds Stellung als möglicher Nachfolger.

Der Kindersegen in seiner Ehe, der Maria Theresia und das ganze Haus aller Sorgen des Überlebens enthob, tat das Seine dazu. „Fahre fort, lieber Bruder", schrieb Joseph dazu anerkennend, „und lasse nicht nach, gib der Monarchie kühnlich so viele Kinder, wie Du kannst, wenn sie Dir ähnlich sind, können es niemals zu viele sein." Als Leopolds Frau, der Schwiegermutter nacheifernd, das sechzehnte Kind in die Welt gesetzt hatte, meinte Joseph sogar: „Möge der kleine Rudolf den Abschluß deiner Fruchtbarkeit bilden! Zehn lebende Buben, davon der Älteste schon verheiratet, sind wohl ausreichend, um die Thronfolge des Hauses sicherzustellen."

Viertes Kapitel

Marie Antoinette, eine verspielte Prinzessin

Marie Antoinette ist unter den Töchtern Maria Theresias diejenige, die am höchsten stieg und den tiefsten Sturz tat. Das Haupt, das die Krone Frankreichs trug, fiel unter dem Fallbeil.

Von den zehn Kindern Maria Theresias, die ein höheres Alter erreichten, ist Marie Antoinette die jüngste Tochter. Sie wurde am 2. November 1755 geboren und verließ Wien schon mit vierzehneinhalb Jahren als angetraute Gemahlin des um ein Jahr älteren Dauphins von Frankreich, des späteren Ludwig XVI. Diese Ehe war eine politische Verbindung. Die Wendung, die Frankreich von einem Feind zu einem Freund des Hauses Österreich machte, wurde durch den Ehebund der Dynastien besiegelt.

Marie Antoinette war für ihre Aufgabe von der Mutter schlecht vorbereitet worden. Ihre Bildung war so lückenhaft, daß sie weder richtig deutsch, noch gut französisch schreiben und sprechen konnte. In Paris verlernte sie die deutsche Sprache und hat die französische nie zufriedenstellend beherrscht. Die Mutter erkannte die Versäumnisse und suchte durch einen regen brieflichen Verkehr noch nachzuholen, was möglich war.

Der Briefwechsel beschäftigte einen eigenen Kurier. Die Kaiserin wünschte, daß die Briefe an Marie Antoinette sofort vernichtet werden sollten. Marie Antoinette befolgte diesen Wunsch der Mutter, doch ist uns der Briefwechsel trotzdem zum größten Teil erhalten, da Maria Theresia von ihren Briefen Abschriften machen ließ und die Briefe der Tochter aufbewahrte. Sie hat diese Briefe in Abschriften auch Kaunitz oder ihrem Sohn zukommen lassen, wenn sie einen wichtigen politischen Inhalt hatten. So blieb uns eine einmalige menschliche Dokumentation der beiden Frauen erhalten.

Was Marie Antoinette betrifft, so widersprechen ihre Briefe nicht dem Bild, das man sich von ihrem Charakter machte. Es war eine verwöhnte junge Prinzessin, der Liebling des Wiener Hofes, die dem Dauphin zugeführt wurde, ein lebhaftes, reichlich oberflächliches Geschöpf, das nun in Paris seine erste Enttäuschung erlebte. Der Dauphin stand ihr anfangs recht gleichgültig gegenüber, ihn bezauberte weder ihre makellose Gestalt noch die Anmut ihrer Bewegungen oder die blauen Augen, das mattschimmernde Goldhaar oder der zarte Teint. Die Gleichgültigkeit Ludwigs ging so weit, daß er nur zeitweise das Zimmer der jungen Gemahlin teilte. Daß die Ehe in den ersten Jahren nicht vollzogen wurde, ist in erster Linie auf eine physische Anomalie des Gemahls zurückzuführen.

In ihrer oberflächlichen Verspieltheit scheint dies Marie Antoinette nicht tragisch genommen zu haben. Sie hatte auch sonst keine ernsten Interessen, weder das Verlangen, sich weiterzubilden, noch die Lust, Bücher zu lesen oder Musik zu machen – dabei hatte sie doch als Kind mit dem jungen Mozart gespielt. Der Dauphin war sehr viel auf der Jagd. Marie Antoinette stürzte sich in das Vergnügen der Bälle und Maskenfeste, besuchte die Oper und durchwachte ganze Nächte bei Tanz und Spiel. Sie hatte viele Verehrer, verachtete aber die zügellosen Sitten des französischen Hofes und hat ihrem Mann wohl die Treue gehalten. Eine Hofdame war außerdem stets um sie, und ein königlicher Leibgardist wachte über ihre Sicherheit.

Die selbständige Karnevalstimmung der Tochter machte die Mutter besorgt, und sie riet Marie Antoinette in Briefen von diesem Treiben ab. Sie sah darin das größte Hindernis für die Gattenliebe – noch immer war die Ehe nicht vollzogen worden –, und sie mahnte immer wieder brieflich, Marie Antoinette möge endlich alles tun, um zur Ehegattin zu werden.

Maria Theresia rät zunächst zu Beschäftigungen: „Man sieht bei Ihrem Alter über genügend Leichtfertigkeiten und Kindereien hinweg, aber auf die Dauer wird alle Welt und auch Sie selbst dessen überdrüssig, und das wird Ihnen sehr übel genommen. Sie brauchen in Ihrer Stellung die Lektüre, und sie benötigen sogar Beschäftigungen, die Ihnen nützlich sein und Achtung und Wertschätzung verschaffen könnten; insbesondere in einem Lande, in dem man so gebildet ist und den anderen Leuten, mögen sie noch so hoch gestellt sein, nichts hingehen läßt. Ich kann Ihnen nicht verhehlen, daß man davon zu sprechen beginnt", – Maria Theresia hatte in dem Grafen Florimond Mercy, dem österreichischen Gesandten an dem Hof zu Versailles, ihren Gewährsmann, der ihr genau berichtete –, „auf diese Weise werden Sie nur die hohe Meinung, die man sich über Sie gebildet hat, verlieren; das ist der wesentliche Punkt für uns, die wir auf der Bühne der großen Welt stehen. Ein ununterbrochen vergeudetes Leben, ohne die geringste ernste Beschäftigung, würde auch Ihre Moral beeinflussen." (9. Juli 1771)

Trotz ihrer Unreife macht sich Marie Antoinette Gedanken über den Dauphin, dessen Bequemlichkeit und Gehemmtheit nicht wenig dazu beiträgt, daß es nicht zum Vollzug der Ehe kommt. Maria Theresia teilt diese Sorgen. „Nur die allzu große Jugend dieses Prinzen steht unseren Wünschen entgegen", schreibt sie am 17. August 1771, „und dann ist es auch ein wenig Schüchternheit, die all jenen gemein ist, die in Unschuld aufgezogen worden sind. Das ist unangenehm, aber gut für die Zukunft: wenn diese Hemmung einmal beseitigt ist, wird alles sehr gut gehen."

Marie Antoinette berichtet ihr dann von einer Beseitigung dieser Hemmung, die sich später allerdings als Falschmeldung herausstellt, was bei der Naivität der jungen Gattin nicht wundernimmt. Sofort mahnt die über diese Entwicklung einerseits erfreute, anderseits in Hinblick auf eine mögliche Schwangerschaft besorgte Mutter: „Jetzt aber, so Sie mir sagen, daß alles in Ordnung ist, darf ich nicht schweigen, und Sie sind verpflichtet, sich zum Opfer zu bequemen. Eine verheiratete Frau kann nie die Gewißheit haben, nicht schwanger zu sein, und es besteht niemals eine größere Gefahr als während der ersten vier Wochen. Man kann nicht einmal wissen, ob man schwanger ist oder nicht. Ich lasse mich über diesen Punkt aus, nicht um Sie zu erschrecken, sondern um Sie aufzurütteln, ernstlich daran zu denken, daß dieses Reiten keineswegs zulässig ist, wenn Sie als Mann und Frau zusammenzuleben fortfahren." (3. Oktober 1773)

Als Marie Antoinette Königin geworden ist, verstärkt Maria Theresia ihre Mahnungen an die oberflächliche und vergnügungssüchtige Tochter: „Bis jetzt war die Vergnügungssucht groß und sogar eine notwendige Folge der Veränderung. Ich fürchte diesen Punkt bei Ihnen mehr als alles andere. Sie müssen sich unbedingt mit ernsten Dingen befassen, die Ihnen nutzen können, wenn der König Sie um Rat fragt oder zu Ihnen als Freundin spricht. Ziehen Sie ihn nicht in außerordentliche Ausgaben hinein. Ein durch Gerechtigkeit bestimmter Charakter, mit Güte und zulässiger Sparsamkeit verbunden, wird diesen Monarchen von Freunden und Feinden respektieren lassen." (16. Juli 1774)

Marie Antoinette erwidert auf diesen Brief reuig: „Ich muß meinen Hang zum Vergnügen und meine Trägheit gegenüber ernsten Dingen zugeben. Ich wünsche und hoffe mich nach und nach zu bessern und, ohne mich jemals in die Intrigen zu mengen, in der Lage zu sein, dem Vertrauen des Königs zu entsprechen, der stets in sehr guter Freundschaft mit mir lebt." (30. Juli 1774)

Marie Antoinette kann aber der Mutter immer wieder nur mitteilen, daß die Dinge mit ihrer Ehe nach wie vor unverändert stehen und daß die Eheleute nach fünfjähriger Ehe noch immer getrennt schlafen. Maria Theresias einzige Sorge in dieser Situation ist es, durch briefliche Einflußnahme die Eheleute endlich zusammenzubringen. „Ich gestehe, daß mich das um so mehr überrascht, als Sie tagsüber immer auf Vergnügungen aus und ohne den König sind, und wenn er nun zu Ihnen wegen der Nachfolge nicht mehr schlafen kommt, wird man also darauf verzichten müssen; so wird auch diese Liebe und die Gewohnheit, zusammen zu leben, bald ein Ende finden; und ich sehe für Sie nur Unglück und Kummer in der glänzendsten Stellung voraus... Ihre einzige Aufgabe muß darin bestehen, sich während des ganzen Tages so oft als möglich bei ihm aufzuhalten, ihm Gesellschaft zu leisten, seine beste Freundin und Vertraute zu sein und zu trachten, sich über alle Dinge zu unterrichten, damit Sie mit ihm überlegen und ihm helfen können; damit er auch niemals anderwärts mehr Annehmlichkeiten und Sicherheit als in Ihrer Gesellschaft finde."

Dann folgt die Briefstelle, die eine spontane Offenbarung tiefster und innerster Überzeugungen Maria Theresias darstellt: „Wir sind auf dieser Welt, damit wir anderen Gutes erweisen: Ihre Aufgabe ist eine der wichtigsten: Wir sind nicht um unsertwillen und um uns zu amüsieren auf der Welt, sondern um den Himmel zu gewinnen, wohin alles strebt und den man nicht umsonst bekommt; man muß ihn verdienen." Dann wieder die Anwendungen auf die Situation der Tochter: „Verzeihen Sie diese Predigt; aber ich gestehe, daß diese Reitausflüge mit dem Grafen Artois mein Herz um so mehr bekümmert haben, als ich die Folgen davon kenne, und ich könnte sie Ihnen nicht lebhaft genug vor Augen führen, um Sie vor dem Abgrund zu retten, in den Sie sich stürzen würden. Schreiben Sie diese Besorgnisse meiner Liebe zu, halten Sie sie aber nicht für überflüssig." (2. Juni 1775)

Marie Antoinette erwidert darauf empört, daß „öffentliche Meldungen oft Falsches sagen und immer übertreiben. Die Spaziergänge mit dem Grafen von Artois im Bois de Boulogne geschehen immer mit der Einwilligung des Königs, und an diesen Promenaden haben immer viele Herren und Damen des Hofes teilgenommen..." Das Gerede hält aber an, und Marie Antoinette muß sich darüber beklagen, daß man ihr Neigungen für Frauen und anderseits für männliche Herzensbrecher unterstelle. „Obwohl die Bosheiten in diesem Lande genug Gefallen finden, sind diese so platt und von so üblem Ton, daß sie keinen Erfolg gehabt haben, weder in der Öffentlichkeit noch in der guten Gesellschaft."

Alle Schleusen der Gerüchtemacherei öffnen sich aber, als man von einer notwendigen Operation des Königs spricht, die eine Nachkommenschaft möglich machen soll. Marie Antoinette versichert der Mutter zwar, daß dies nicht notwendig sei, aber wider besseres Wissen. Sie war wie die anderen Töchter Maria Theresias so unvorbereitet in die Ehe gegangen, daß ihr die physischen Vorgänge eines ehelichen Lebens vollkommen unbekannt waren. Selbst an dem sonst so freimütigen französischen Hof hatte man es nicht der Mühe wert gefunden, sie darüber aufzuklären, daß sie im Zustand der Unberührtheit und Jungfräulichkeit nie ein Kind erwarten konnte.

Erst der am König vorgenommene harmlose Eingriff änderte die Situation zwischen den Ehegatten. Am 30. August 1777 kann Marie Antoinette der Mutter triumphierend schreiben: „Ich befinde mich in dem für mein ganzes Leben größten Glück. Schon seit acht Tagen ist meine Ehe vollkommen vollzogen; der Beweis ist wiederholt worden und noch gestern vollständiger als das erste Mal. Ich habe zuerst gedacht, sofort an meine teure Mama einen Kurier zu schicken, aber ich habe Angst gehabt, daß Aufsehen und Gerede entstehen könnte. Ich gebe auch zu, daß ich meiner Sache sicher sein wollte. Ich glaube noch nicht schwanger zu sein, habe aber wenigstens die Hoffnung, es von einem Augenblick zum andern werden zu können..."

Die Mutter erwidert auf diese Freudenbotschaft: „Was Sie mir über die größere Zärtlichkeit von seiten ihres teuren Königs berichten, macht mir große Freude." Es gäbe meint sie, Beispiele von Männern im Alter von dreißig Jahren, die sich ändern. „Man muß aber immer trachten, nicht überdrüssig zu werden, und aus diesem Grunde soll eine Gemahlin niemals die Gelegenheit versäumen, vielmehr sie durch jede Art von Entgegenkommen suchen..." (31. August 1777)

Von nun ab muß die Tochter der Mutter den Eintritt jeden Unwohlseins melden. Maria Theresia warnt die Tochter vor den Erschütterungen bei Wagenfahrten, wenn der Wagen schnell fährt, vor dem plötzlichen Erschrecken durch Sturz und ist besorgt wegen einer Fehlgeburt, die eine erste Schwangerschaft, die „für alle nachfolgenden von großer Bedeutung ist", beenden könnte.

Die Mutter ist schon ungeduldig. „Der Gedanke allein", schreibt sie am 5. Januar 1778, „daß ein Kurier mir die Nachricht einer Schwangerschaft bringen könnte, bringt mich vor Glück und Ungeduld aus der Fassung. Mit sechzig Jahren kann man nicht mehr lange warten..."

Endlich kann Marie Antoinette mit Sicherheit melden, daß ein freudiges Ereignis bevorsteht. „Sie teilen mir eine große, unerwartete Neuigkeit mit! Gott sei dafür gepriesen!", erwidert Maria Theresia am 2. Mai 1778. „Und mögen Sie, meine geliebte Antoinette, in ihrer glänzenden Stellung dadurch gefestigt werden, daß Sie Frankreich Erben schenken." Dann folgen natürlich wieder Mahnungen, Vorsicht walten zu lassen, genaue Verhaltensmaßregeln werden gegeben, die Befolgung der Weisungen des Arztes wird zur Pflicht gemacht. „Wenn Sie die Freude sehen könnten, die hier über diese große Neuigkeit herrscht! In Paris kann es keine größere geben. Man kann sie dort lebhafter zum Ausdruck bringen, als wir guten Deutschen es vermögen, aber in Wirklichkeit übertreffen wir sie."

Am 19. Dezember 1778 bringt Marie Antoinette ein Mädchen zur Welt, das bei der Taufe den Namen Maria Theresia Charlotte erhält. Dann folgt ein Knabe, der später im Alter von acht Jahren stirbt, am 27. März 1785; der Dauphin Ludwig.

Marie Antoinette beginnt als Mutter mit einer Umkehr. Das Leben ist für sie nun nicht mehr nur eine Kette von Ballveranstaltungen. Sie hat einen neuen Lebensinhalt, das Erbe einer vorbildlichen Mutter beginnt in ihr durchzubrechen. Auch der König fühlt sich als erfolgreicher Ehemann, seine politische Stellung ist durch den männlichen Erben gefestigt, und seine Ehe gestaltet sich durch die Nachkommenschaft glücklicher.

Von den Kindern Marie Antoinettes sollte der Dauphin das furchtbare Ende der Mutter in der Zeit der Schreckensherrschaft noch übertreffen. Zuerst wurde er von dem Schuster Simon „erzogen", dann ließ man ihn in einem licht- und luftlosen Kerker dahinsiechen, bis ihn am 8. Juni 1795 der Tod erlöste.

Maria Theresia Charlotte, später Herzogin von Angoulême, teilte zuerst das Schicksal der Mutter und des Bruders im Temple, dem Gefängnis der königlichen Familie. Im Dezember 1795 wurde sie gegen Konventsmitglieder an die Österreicher ausgeliefert. Die schrecklichen Erlebnisse der Revolutionszeit lagen wie ein Schatten über ihrem weiterhin glücklosen Leben.

Fünftes Kapitel

Friedrich II., der Vielgehaßte

Der Haß Maria Theresias gegen Friedrich II. ist so hemmungslos, daß sie sich nie zu einem gerechten Urteil über ihn aufraffen kann, auch nicht in Bereichen, in denen beide so manches gemein hatten, wie etwa der Linie der aufgeklärten, reformfreudigen absoluten Monarchie, die das Jahrhundert prägte. „Erste Diener ihres Staates" waren sowohl er wie Maria Theresia und ihr Sohn Joseph, der zu den Bewunderern des preußischen Königs zählte.

Schon bei Maria Theresias Regierungsantritt ließ Friedrich II. die Maske fallen und deklarierte sich als Gegner mit der tieferen Absicht, die Habsburgermonarchie zu liquidieren. Er zwang Maria Theresia einen Kampf um die Existenz auf, den sie, kaum vorbereitet, bestehen mußte. In einer Denkschrift, die einen Rückblick auf diese unerhört schwierigen ersten Regierungsjahre gibt, schrieb die Kaiserin über den Preußenkönig: „Seinetwegen habe ich auch kein Mitleid empfunden, weil auch er niemals ein solches gezeigt hat. Seinen falschen Charakter habe ich allzeit verabscheut."

Nach der Niederlage bei Mollwitz schrieb Maria Theresia an Neipperg: „Mein Entschluß ist gefaßt, mich nie mit dem König von Preußen zu vergleichen, auch wenn es nur einen Zoll schlesischen Landes kostete..." Zum Frieden von Dresden (1745) äußerte sie sich in einer Denkschrift: „Wäre ich nicht allezeit gesegneten Leibes gewesen, so hätte mich gewiß niemand aufgehalten, mich diesem so meineidigen Feinde persönlich entgegenzustellen." Als Joseph, damals schon Mitregent, vergeblich versuchte, eine Unterredung mit Friedrich II. herbeizuführen, schrieb ihm die Mutter, die um die Schwäche des Sohnes für ihren Gegner wußte, am 14. September 1766: „Hat dieser Heros, der soviel von sich reden macht, hat dieser Eroberer einen einzigen Freund? Muß er nicht aller Welt mißtrauen? Welch ein Leben, aus dem Menschlichkeit verbannt ist!"

Das Wort aus einem Bericht des preußischen Gesandten Podewils an Friedrich II., Maria Theresia „liebt Eure Majestät nicht, aber sie achtet Sie", macht zwar dem Diplomaten Podewils alle Ehre, wird aber durch die harte und eindeutige Meinung der Kaiserin über Friedrich II. Lügen gestraft. Denn sie konnte unmöglich den achten, in dem sie einen Lügner und Meineidigen sah.

Maria Theresia ging in ihrem von unüberwindlicher Abneigung diktierten Urteil sicherlich fehl. Sie verstand diesen ungemein komplizierten Charakter nicht, sie konnte einen Menschen nicht verstehen, der, durch eine furchtbare Kindheit für sein ganzes Leben gezeichnet, als erwachsener Mensch die Kälte und die Lieblosigkeit wiedergab, denen er so lange Zeit ausgesetzt gewesen war.

Es ist hier nicht der Ort, um die Tragödie des heranwachsenden Friedrich in allen ihren psychologischen Nuancen zu verfolgen; es genüge eine Schilderung in kurzen Zügen.

Das bis zu unerträglichen Spannungen und den unerquicklichsten Zusammenstößen sich steigernde Verhältnis zwischen Vater und Sohn führte schließlich zum Plan des Kronprinzen einer Flucht nach England. Auf dem Höhepunkt der Auseinandersetzungen zwischen Vater und Sohn, als der Fluchtplan des Sohnes aufgedeckt und dieser selbst gefangengesetzt war, stellte Friedrich Wilhelm mit dem unglücklichen Prinzen in Wesel ein Verhör an. Auf die Frage, warum er desertieren wollte, erwiderte Friedrich: „Weil Sie mich nicht wie einen Sohn, sondern wie einen Sklaven behandelt haben."

Darauf der Vater: „Dann ist Er nichts als ein gemeiner Deserteur, der auch nicht einen Funken von Ehre in sich hat."

Der Prinz erwiderte: „Ich habe so viel Ehre wie Sie; ich habe nichts getan, als was Sie, wie Sie mir schon hundertmal gesagt haben, an meiner Stelle tun würden."

Daraufhin stürzte sich Friedrich Wilhelm mit gezogenem Degen auf den Sohn. Er hätte ihn ermordet, wenn sich nicht der Festungskommandant von Wesel dazwischengeworfen hätte.

In die Residenz zurückgekehrt, beschimpft der König die damals schwangere Königin als infame Kanaille, versetzt ihr mehrere Faustschläge ins Gesicht und wird nur mit Mühe daran gehindert, der besinnungslos Daliegenden Fußtritte zu versetzen.

Auf Befehl des Vaters wurde Friedrichs Mitverschworener, Leutnant Katte, vor dessen Augen geköpft. Eine gnädige Ohnmacht verhinderte, daß der Kronprinz das Haupt des Freundes fallen sah. Der in strenger Haft Gehaltene, für den alle Höfe Europas, darunter auch Österreichs, Bittgesuche einbringen, wird später von Friedrich Wilhelm zu einer Art von Subalternarbeit begnadigt und nur sehr zögernd voll rehabilitiert.

Es ist ein anderer Mensch, der aus diesem Fegfeuer hervorgeht: ein hochmütiger, spottlustiger, eisiger Weltverächter, der andauernd darauf bedacht ist, dem auf ihm lastenden Zwang durch Verstellung zu entgehen. Sie wird ihm zur zweiten Natur, durch sie verschleiert er sein Inneres, seine wahre Gesinnung.

Vom Vater wird er an Elisabeth Christine von Braunschweig-Wolfenbüttel zwangsverheiratet – politisch gesehen eine freundliche Geste gegenüber den Habsburgern, mit denen die Prinzessin verwandt ist. Schon bei der Verlobungsfeier behandelt er sie betont unhöflich – hier ein Parallelfall zu Joseph. Nach der

Hochzeit verläßt er sie sogleich, um zu seinem Regiment zu gehen.

Und doch vergoß der Sohn eine Flut von Tränen, als dieser Vater starb, von dem er nichts als Erniedrigungen erfahren hatte. Das wiederholte Bekenntnis des Sohnes, er habe seinen Vater geliebt, ist nur eine der zahlreichen Windungen in dem Labyrinth dieser Seele.

In der kaiserlichen Familie am Hof zu Wien gibt es solche Labyrinthe nicht. Hier liegt alles offen zutage. In völligem Gegensatz zu den grauenerregenden Verhältnissen am preußischen Hof steht hier eine geradezu musterhafte Familie sozusagen im Mittelpunkt öffentlicher Beachtung und öffentlichen Interesses, verdient ein Kaiser als Träger der Krone, in Amt und Würden, ebenso Achtung wie in seinem Privatleben als Familienvater. Das gleiche gilt für seine Tochter und Nachfolgerin.

Beider Regierungsantritt erfolgte im selben Jahr, 1740: Maria Theresia übernimmt einen verschuldeten Staat und ein verlottertes Heer; Friedrich ein schuldenfreies, blühendes Land und eine glänzend gedrillte, hochgerüstete Armee. Unangefochten tritt er die Nachfolge nach seinem Vater als Kurfürst von Brandenburg und König von Preußen an. Maria Theresia muß um jede der Kronen ihres Reiches kämpfen, sie braucht den Pomp der Krönungszeremonien, den Friedrich so verabscheut, um sich damit die Legitimation ihrer Herrschaft zu verschaffen, um vor der Welt erst glaubwürdig zu werden. Sie überwindet alle diese Schwierigkeiten durch ihren jugendlichen Optimismus, ihre Offenheit und ihr Gottvertrauen.

Friedrich, der ungläubige Skeptiker, führt seine Politik eiskalt berechnend, verschlagen und undurchschaubar. Jedes Mittel ist ihm recht. In dem Drang, sich selbst immer wieder als großen Herrscher zu bestätigen, ergreift er die Initiative für immer neue Waffengänge, bricht Abkommen um augenblicklicher Vorteile willen, scheut weder Kosten noch Opfer, um Preußen zur Großmachtstellung zu führen. Er hat dieses Ziel erreicht, er riskierte hohen Einsatz – und gewann.

Die Triebfeder seines gewalttätigen Handelns ist eine innere Unsicherheit, die Maria Theresia ganz unbekannt ist. Friedrich wittert deshalb überall Verachtung, jene Verachtung, die ihm von seinem Vater her in so schrecklicher Erinnerung ist. Er will nicht nur diesem Vater nacheifern, der so viel Leid über ihn gebracht, er will sich ständig vor dem Verstorbenen rechtfertigen, und er fühlt sich dabei als Emporkömmling, als inferior gegenüber den alteingesessenen Dynastien der Habsburger und der Bourbonen – wie, kaum ein halbes Jahrhundert später, Napoleon. Friedrich spürt in diesen beiden Herrscherhäusern die Überlegenheit jahrhundertelanger Tradition, er verdächtigt sie ständig, auf Preußen herabzusehen. Dabei war gerade im Fall Österreich dieser Verdacht grundlos.

Friedrich II. hat Maria Theresia lange Zeit unterschätzt. Dieser Frauenverächter konnte sich nie in die Dimensionen ihrer Persönlichkeit hineindenken, es ging über seine Vorstellungskraft, daß nicht Franz Stephan, sondern sie das Heft in der Hand hielt, sie die eigentliche Gegnerin war. Lange Zeit wiegte ihn die Vorstellung in Sicherheit, Franz Stephan werde sich in den Verlust Schlesiens finden und eine versöhnliche Haltung zeigen. Das war der Hauptgrund, weshalb er dann zu Beginn des Siebenjährigen Krieges in eine gewisse Isolierung geriet.

Allmählich mußte Friedrich II. zur Kenntnis nehmen, mit wem er es bei Maria Theresia zu tun hatte. „Diese Königin hat mir viel Übles zugefügt", äußerte er sich einmal, „und hat mich böse Augenblicke durchleben lassen." Als sein Gesprächspartner bemerkt, der König habe ihr ja mit gleicher Münze gezahlt, erwidert Friedrich: „Nicht so sehr, mein Lieber, wie ich es gewünscht hätte." Und dann bemüht er sich um ein objektives Urteil, und es ist bei diesem Frauenverächter bemerkenswert, daß er an Maria Theresia gerade ihren Lebenswandel und ihre Tugend schätzt. „Trotz des Üblen, das sie mir zugefügt hat, muß ich ihr zugeben, daß diese Fürstin sehr achtenswert ist durch ihre Sittenreinheit. Es gibt wenig Frauen, welche ihr in dieser Hinsicht gleichen, die meisten sind Huren, und die Königin verabscheut die Huren, sie bemüht sich, sie einsperren zu lassen, besonders wenn sie sie im Verdacht hat, daß sie es auf ihren Gatten abgesehen haben."

Diese Äußerung ist zunächst ein Niederschlag der Gerüchte, die Maria Theresia ständig umschwirrten und denen vielleicht auch die Keuschheitskommission ihr Leben verdankt. Sie zeugen aber auch für die hohe Meinung, die Friedrich II. von ihr hatte, im Gegensatz zu zwei anderen seiner politischen Gegnerinnen, der Pompadour und der Zarin Elisabeth. Hier tat er seinen Äußerungen, entgegen aller diplomatischen Klugheit, keinen Zwang an.

Man weiß nicht, ob es eine ritterliche Geste war oder ein ehrliches Bekenntnis, als der Preußenkönig sich zum Tod Maria Theresias äußerte. „Ich habe den Tod der Kaiserin und Königin bedauert; sie hat ihrem Thron und ihrem Geschlecht Ehre gemacht; ich habe mit ihr Krieg geführt, aber ich war nie ihr Feind."

Maria Theresia war in ihrem Verhältnis zu Friedrich durchschaubarer, sie haßte ihn ehrlich. Von Anfang an wollte sie nach allen Seiten hin eine Politik des Vertrauens und der Offenheit führen. Die junge Herrscherin erfuhr von Friedrich die erste bittere Lehre, daß ihre Offenheit mit Heimtücke beantwortet wurde. Diese Erfahrung hat sie für ihr Leben geprägt und ihre

Beziehung zu Friedrich auf immer vergiftet. Keiner ihrer anderen Gegner hat sie je in dem Maß aufgebracht wie Friedrich, weder der Wittelsbacher Karl Albrecht noch August von Sachsen. Mit diesen beiden war sie verwandt, und ihre Auseinandersetzung mit ihnen war eine Familienstreitigkeit, an deren Ende früher oder später die Versöhnung stehen mußte.

Selbst die Verschlagenheit des Kardinals Fleury erregte sie nicht so wie dieser Ketzer, dieser kleine Markgraf von Brandenburg, Vasall ihres Vaters, der undankbare, treulose, vertragsbrüchige Friedrich. Seine Existenz war für sie bis an ihr Lebensende ein Trauma. Das Glück, ihn zu überleben, war ihr nicht vergönnt.

Sechstes Kapitel

Maria Theresias letzte Jahre

Noch 1763, im Jahre des Friedens von Hubertusburg, der dem siebenjährigen Ringen mit Preußen ein Ende setzte, tauchte am Horizont der europäischen Politik ein neuer Konflikt auf. Dieses Mal ging es um Polen.

Anlaß war der Tod des Wettiners und polnischen Wahlkönigs August III. Sofort einigten sich Rußland und Preußen auf einen neuen Schattenkönig, den abgetakelten Liebhaber Kaiserin Katharinas, Stanislaus Poniatowski, der unbedingt versorgt werden mußte und den man der korrupten polnischen Adelsrepublik in Hinblick auf eine spätere Teilung Polens aufzuzwingen suchte.

Maria Theresia wurde angesichts dieses abgekarteten Länderschachers, durch den außerdem Preußen an Einfluß gewinnen konnte, in ihrem Gerechtigkeitssinn verletzt. Sie gedachte, den polnischen Thron dem sächsischen Haus der Wettiner, für das sie große Sympathien empfand, zu erhalten. Doch der Sohn des verstorbenen Polenkönigs, Friedrich Christian, der als Nachfolger ausersehen war, starb kurz nach seinem Regierungsantritt in Sachsen. Er hätte in Polen große Sympathien genossen, da nur ein sächsischer König dem Land die Gewähr bot, daß dieses nicht zwischen den beiden großen Nachbarn Preußen und Rußland zerrieben werde. Der noch unmündige Sohn des verstorbenen Kurfürsten von Sachsen wurde daher als Kandidat für die polnische Königskrone ausersehen, während russophile Parteigänger im polnischen Adel zu Poniatowski hielten.

Maria Theresia war schließlich mit jeder Lösung einverstanden, die nicht zu einer Teilung Polens und damit zur Machterweiterung Preußens führte. Sie trat dafür ein, daß der neue polnische König in freier Wahl bestellt werde. Kaunitz wollte Österreich überhaupt aus der polnischen Angelegenheit heraushalten. Die Erklärungen Preußens und Rußlands, sie wollten Polens Unversehrtheit und lehnten jede Teilung ab, wirkte in Wien beruhigend. Maria Theresia tat also nichts, als Stanislaus Poniatowski am 7. September 1764 zum polnischen König gewählt wurde. Mit dieser Wahl mußte sich die rußlandfeindliche Partei in Polen, die sich auf Sachsen und Österreich stützte, geschlagen geben.

Aber die Entwicklung nahm eine überraschende und für Österreich günstige Wendung, als sich herausstellte, daß der neue polnische König sehr bald die Fesseln seiner Protektoren abwarf und sich Österreich zuneigte. Von Kaunitz gelenkt, verhielten sich Maria Theresia und auch Kaiser Franz vorsichtig und reserviert. Man versuchte zunächst, den neuen polnischen Herrscher zu Entschädigungen an Sachsen zu bewegen. Er zeigte sich geneigt und bewirkte allmählich durch sein geschicktes Liebeswerben seine allseitige Anerkennung als polnischer König.

Diese Entwicklung verschärfte wieder die Spannungen zwischen Rußland und Polen, wobei sich Rußland der polnischen orthodoxen Minorität als Fünfter Kolonne bediente, um in der Innenpolitik Polens Fuß zu fassen. Die Möglichkeit eines Krieges war nicht ausgeschlossen, und Kaunitz schreckte vor ihr nicht zurück. Wohl aber Maria Theresia. „Mich schaudert", erklärte sie 1767 dem päpstlichen Nuntius, „wenn ich daran denke, wieviel Blut während meiner Regierung geflossen ist. Nur die äußerste Not könnte mich dazu bringen, daß ich die Hand dazu bieten sollte, auch nur einen einzigen Tropfen noch zu vergießen."

Ein Bürgerkrieg in Polen konnte allerdings nicht verhindert werden. Die antirussisch eingestellten katholischen Adligen verharrten nicht nur in ihrer

Ablehnung Poniatowskis, sie griffen zu den Waffen und erhoben sich gegen ihn. Von der Türkei wurden sie dabei recht offen unterstützt. Poniatowski zog also aus seiner Freundschaft zu Österreich keinen Nutzen, er wurde das Opfer der katholischen Partei, während zwischen Rußland und der Türkei ein regelrechter Krieg entbrannte.

Es war eine gewisse Verlockung für Österreich, nun seinerseits in den Konflikt mit Gewalt einzugreifen. Maria Theresia verzichtete aber auf alle Angebote der Pforte und hielt Österreich neutral. Joseph war allerdings anderer Meinung, konnte sich aber nicht durchsetzen, denn auch Kaunitz befürwortete die Haltung der Kaiserin. Eine begrenzte Mobilisierung sowie die Besetzung der Zips, eines zu Polen gehörigen Gebietsstückes, das von ungarischem Gebiet umschlossen war und auf das alte Ansprüche geltend gemacht werden konnten, waren die einzigen Reaktionen. Hierzu existiert allerdings ein Aktenvermerk der Kaiserin: „Ich habe eine sehr geringe Meinung von unseren Ansprüchen." Ihr Widerstand gegen diese Annexion polnischen Gebietes war aber wohl zu schwach.

Den Türken konnte durch die militärische Demonstration österreichischer Truppen an den Grenzen nicht geholfen werden. Da der Krieg sehr unglücklich für sie verlief, verlangte der Sultan ein direktes Eingreifen. Maria Theresia lehnte ab, sie wollte unter allen Umständen den Frieden bewahren, und sie verteidigte diesen Standpunkt auch gegen Kaunitz und den Sohn. Die Begehrlichkeit der russischen Zarin stieg, sie ging auf Landraub aus, nicht nur auf Kosten der Türkei, sondern auch Polens. Friedrich sekundierte ihr, denn auch er wollte an der Liquidation Polens teilhaben. Die Geschichte des Jahres 1939 hat diese Situation nur wiederholt.

In einem regelrechten Vertrag vom 19. Februar 1772 wurde Polen wie ein Kuchen zwischen Rußland und

Preußen aufgeteilt. Österreich forderte man auf, sich ebenfalls zu bedienen, womit man die Zustimmung des Habsburgerreiches erkaufen wollte. Es war ein unredlicher Handel, ein empörendes, jedoch für das achtzehnte Jahrhundert typisches Beispiel, wie gering die Rechte eines Volkes und eines Staates geachtet wurden. Maria Theresia lehnte sich vergebens dagegen auf, sie war von den Souveränen die einzige, deren Herz für die unglücklichen Polen schlug.

In Briefen und Denkschriften ließ sie ihr Gewissen sprechen, erklärte, sie schäme sich vor der Öffentlichkeit, da sie doch angesichts der zu Beginn ihrer Regierung drohenden Teilung Österreichs sich nur auf ihr gutes Recht und den Beistand Gottes gestützt habe. Ihre ganze Politik sei stets auf Gerechtigkeit gebaut gewesen. Natürlich wußte sie, daß die von ihr widerwillig gebilligte Besetzung der Zips den Stein ins Rollen gebracht hatte, und sie beklagte, daß sie selbst dadurch am Verlust ihres guten Rufes Schuld trage. Ihre Einsicht kam zu spät.

Aber was konnte die Gewissensnot der einzigen Herrscherin Europas, die noch auf ihr Gewissen hörte, ändern? Die Interessen Österreichs erforderten gebieterisch, solche Stimmen zum Schweigen zu bringen, die politische Vernunft trieb zur Teilnahme an der Ausraubung Polens.

Kaunitz und dem Sohn kostete es einen schweren Kampf, ihren Standpunkt, den Standpunkt einer Gerechtigkeitsfanatikerin, zu überwinden. Was sollten sie etwa gegen ein Memorandum vorbringen, das in der brutalen Politik des Jahrhunderts nicht unterzubringen war und die Sätze enthielt: „Ich verstehe eine Politik nicht, die erlauben soll, daß, wenn zwei sich ihrer Übermacht bedienen, um einen Unschuldigen zu unterdrücken, sich der Dritte das Recht nehmen darf, die gleiche Ungerechtigkeit zu begehen. Mir scheint das unhaltbar zu sein. Ein Souverän hat keine anderen

Rechte als der Privatmann. Wenn wir alle einmal vor Gott erscheinen müssen, um Rechenschaft abzulegen, wird die Größe und Stärke unseres Staates nicht in Rechnung gestellt werden."

Eine solche Argumentation wirkte inmitten der eiskalten, absolutistisch-imperialen Länderhamsterei der Dynastien wie eine Donquichotterie. Kaunitz und Joseph mußten all ihren Einfluß aufbieten, denn es ging Maria Theresia nicht ein, daß Politik und Moral zwei verschiedene Dinge seien. Wenn es nach ihr gegangen wäre, so hätte sie die polnische Teilung auch dann nicht mitgemacht, wenn Preußen und Rußland durch den Landzuwachs für Habsburg lebensbedrohend wurden.

Vielmehr war es die Resignation des Alters, die sie schließlich zurückweichen und ihre Prinzipien aufgeben ließ. Joseph stellte also, ohne von seiner Mutter gehindert zu werden, riesige Ansprüche an die polnische Liquidationsmasse, die den Preußenkönig zu der sarkastischen Bemerkung veranlaßten: „Sie haben einen guten Appetit." Maria Theresia schrieb zur Unterfertigung dieser Gebietsforderungen die für sie sehr charakteristische Bemerkung dazu: „Will es approbieren wie alles übrige, das sehr wohl verfehlt ist und eine Sache, die so verwickelt und nicht nach Unserer sonstigen Denkungsart ist."

Sie sollte keine Ruhe haben. Kaum war der polnische Konflikt bereinigt, entstand in Bayern durch das drohende Aussterben des Münchener Zweiges der Wittelsbacher ein neuer Krisenherd. Als nächster Erbe kam die pfälzische Linie der Wittelsbacher in Frage, doch war dieses nur durch den Herrscher zusammengehaltene, komplizierte System von Herrschaften unter dem Sammelnamen „Bayern" nicht als Ganzes pfälzisches Erbgut; auf einige Gebiete konnte das Habsburgerreich berechtigte Ansprüche erheben. Es waren dies entweder Reichslehen oder Lehen der böhmischen Krone.

Karl Theodor, Kurfürst von der Pfalz, suchte sich darum schon bei Lebzeiten des bayerischen Kurfürsten mit Habsburg zu arrangieren. An Ländergewinn war er nicht sehr interessiert, auch wollte er seine schöne Residenz in Mannheim nicht gern aufgeben. Er war also leicht dafür zu haben, Ober- und Niederbayern gegen eine Entschädigung abzugeben. Diese sollte unter anderem auch in der Abtretung eines Teiles der österreichischen Niederlande bestehen.

Noch während die Verhandlungen liefen, starb Maximilian Joseph, und mit ihm erlosch die Münchener Linie der Wittelsbacher. Die Todesnachricht platzte – für Österreich sehr zur Unzeit – mitten in die Verhandlungen mit dem Pfälzer hinein. Joseph bemerkte sarkastisch, „daß uns der Kurfürst von Bayern den Streich spielte zu sterben". Denn noch waren die Geheimverhandlungen nicht zum Abschluß gebracht worden.

Das bayerische Volk war wegen der in Aussicht genommenen Zerstückelung seines Landes zwischen der Pfalz und Österreich natürlich nicht gefragt worden. Eine Einmischung unzuständiger Bevölkerungskreise konnte von Österreich nicht geduldet werden. Wieder war es Joseph und nicht Maria Theresia, der tatendurstig in die Arena hinabstieg, um eine einmalige Gelegenheit zu nutzen. Die Bayern waren ihm außerdem durch die Zwangsehe mit Josepha nicht sympathischer geworden.

Doch ehe er zu den Waffen greifen konnte, versuchte die Mutter energisch, ihn zu hindern. Einerseits war ihr Rechtsempfinden durch die in ihren Augen zweifelhaften habsburgischen Erbansprüche verletzt, anderseits wollte sie um jeden Preis einen Krieg verhindern. In einem energischen Brief an Joseph verbat sie sich jedes Eingreifen. „Selbst wenn unsere Ansprüche auf Bayern nachweisbarer und begründeter wären, als sie es sind, sollten wir zögern, um unseres eigenen Vorteiles willen einen allgemeinen Brand zu entzünden... Von neuem würden wir unsere Völker bedrücken müssen, um eine noch größere Armee zu unterhalten, deren Vermehrung unsere neuen Erwerbungen bedingen würden. Den von uns in so glücklicher Weise wiederhergestellten Staatskredit müßten wir aufs neue untergraben, an seine Stelle die Gewalt setzen, und nie wieder würden wir uns der Ruhe, des Friedens und des Glücks erfreuen, welche mit Treue und Glauben und dem allgemeinen Vertrauen unzertrennlich verbunden sind... Ich widersetze mich nicht der Bemühung, diese Angelegenheiten auf dem persönlichen Wege der Verhandlungen zu gegenseitigem Vorteil zu ordnen, aber niemals auf dem der Waffen oder der Gewalt, der mit Recht von unserem ersten Schritte an die ganze Welt wider uns aufbringen würde..." Dieser Brief ist nur eines der vielen Zeugnisse dafür, daß Maria Theresia Redlichkeit und Maßhalten zur obersten Richtschnur nahm.

Aber Joseph hatte schon die militärische Maschinerie in Bewegung gesetzt. Abermals erhob Maria Theresia warnend ihre Stimme. Am 14. März 1778 schrieb sie an den Sohn: „Die Widerwärtigkeiten und Gefahren, die von dem Augenblick an, da wir den Marsch nach Bayern angetreten haben, vorauszusehen waren, sind nur zu genau eingetreten und vermehren sich derart, daß ich unwürdig wäre, den Namen einer Fürstin und Mutter zu tragen, würde ich nicht den Umständen entsprechend Vorkehrungen treffen, ohne Rücksicht darauf, wie weit mein eigenes Dasein davon betroffen sein könnte..." Nun gibt sie ein Bild der militärischen Lage, das in entsprechend düsteren Farben gehalten ist, und setzt dann fort: „Geben wir uns keiner Selbsttäuschung hin. Wenn das Schwert einmal aus der Scheide ist, bleibt keine Zeit zur Versöhnung.

Das Wohlergehen von Tausenden und aber Tausenden von Menschen, der Bestand unseres Reiches hängen davon ab. Nach allem, was ich gesagt habe, muß ich Euch erklären, daß ich mich nicht dazu hergeben könnte, gegen mein Gewissen und gegen meine Überzeugung zu handeln; das ist weder Laune noch Feigheit."

Das ist nicht nur ein Zeugnis der Charakterfestigkeit, sondern auch eine deutliche Warnung an den Sohn. Unter Umständen könnte die Mutter ihm in den Arm fallen, auch jetzt noch, als die militärische Aktion bereits angelaufen ist. Doch Joseph schlägt alle Warnungen in den Wind. Die kaiserlichen Truppen überschreiten die Grenze.

Karl Theodor unterschrieb trotzdem den von Österreich nunmehr gleichzeitig mit der Drohung der Waffen präsentierten Vertrag. Joseph und Kaunitz schienen ihr Spiel gewonnen zu haben. Maria Theresia erwies sich jedoch als instinktsicherer als die beiden. Denn schon traten die anderen Mächte auf den Plan, die in der Gebietserweiterung Habsburgs das europäische Gleichgewicht gefährdet sahen.

Friedrich II. von Preußen erhob lautstark seine Stimme. Er warf sich zum Schützer des Pfälzers auf und dachte dabei an eine Erpressungspolitik gegenüber Österreich, die ihm in der Lausitz und in Polen Vorteile verschaffen konnte. Rußland sekundierte ihm.

Während die Entwicklung der Ereignisse einen neuen preußisch-österreichischen Krieg voraussehen ließ, begann man im Frühjahr 1778 mit Verhandlungen. Friedrich II. war nicht mehr der gleiche wie vor achtunddreißig Jahren, als er sich wegen Schlesien in den Krieg stürzte. Dieses war mittlerweile zu seinem sicheren Besitz geworden. Doch Abrundungen des preußischen Territoriums, die leicht und ohne Risiko zu erwerben waren, lagen durchaus auf der Linie seiner Politik. So arbeitet er eine Kompromißformel aus, die in ihrer wilden Länderschacher-Konstruktion ein echtes Kind des Jahrhunderts war. Der Leitgedanke war, Preußen größer und Österreich nicht zu groß werden zu lassen.

Es kam zu einem lebhaften Notenwechsel, wobei sich deutlich zeigte, daß man in Wien geteilter Meinung war. Maria Theresia und Kaunitz neigten zum Kompromiß, während Joseph fest auftrat und mit dem Säbel rasselte. Die Aussichten auf eine friedliche Einigung waren dementsprechend gering.

Doch Maria Theresia setzte sich weiterhin mit leidenschaftlicher Energie für die Erhaltung des Friedens ein, zunächst bei ihrem Sohn und bei Kaunitz. Sie hatte eine Denkschrift verfaßt, die sie beiden persönlich zur Verlesung brachte. Hier malt sie die Zukunft in schwärzesten Farben: „Es handelt sich um nichts Geringeres als um den Sturz unseres Hauses und der ganzen Monarchie. Kein Opfer ist zu groß, um dieses Unglück noch rechtzeitig zu verhüten. Bereitwillig werde ich mich zu allem herbeilassen, selbst zur Erniedrigung meines Namens. Man mag mich albern, schwach und kleinmütig schelten, nichts soll mich zurückhalten, Europa aus dieser gefahrdrohenden Lage zu befreien: Ich könnte den Rest meiner unglücklichen Lebenstage in keiner besseren Weise verwenden." Wird sie mit diesem leidenschaftlichen Friedensappell durchdringen? Geeichte Politiker ihrer Zeit haben dafür und noch mehr für ihr feines Rechtsempfinden nur ein mitleidiges Lächeln übrig.

Sie überzeugt ihre Zuhörer Joseph und Kaunitz nicht. Pazifistin in einem Zeitalter, das in guter Nachbarschaft mit dem Kriege lebt? Man muß davon absehen, daß sie als Kind des achtzehnten Jahrhunderts wohl nicht an eine grundsätzliche Möglichkeit glaubte, Kriege zu ächten. Hatte sie doch selbst den Krieg als Mittel der Politik anerkannt und danach gehandelt.

Jetzt aber, in dieser Situation, ist sie eine leidenschaftliche Gegnerin des Krieges, nicht aus grundsätzlichen Erwägungen, sondern instinktiv.

Doch alles ist vergebens. Der Kaiser reist zu den Truppen ab. Maria Theresia tobt ihre Leidenschaft für den Frieden in Briefen aus. So schreibt sie am 20. Juni 1778 an den Sohn: „Ich wage nicht zu hoffen, daß es ohne Krieg abgeht, und ich gestehe Dir, ich weiß nicht, wie es enden wird. Er ist gegenstandslos und wird nur Unheil bringen, bei Dir angefangen! Du kannst nicht fünf Minuten lang die körperlichen und geistigen Strapazen wie in den letzten drei Monaten aushalten." Dann äußert sie sich skeptisch über die Aussichten eines künftigen Feldzugs. „Der Verlust aller unserer Schlachten und selbst die Folgen der glücklichen haben das bewiesen. Wenn unsere Leute gut geführt wurden, haben sie stets ihre Schuldigkeit getan. Allerdings sind drei Viertel unseres Heeres Rekruten oder Leute, die nichts mitgemacht haben. Man müßte sie nach und nach kriegstüchtig machen, aber das ist nach der Art des Königs nicht genügend, der stets zu Anfang eine allgemeine Schlacht liefert. Deshalb bin ich in Furcht für alle unseren braven Offiziere und Gemeinen, die wir für nichts verlieren werden; denn wir werden weiter nichts erreichen, und die Monarchie geht immer mehr zugrunde. Ich hatte den gleichen Gedanken wie Du, daß der elende König sich erniedrigte, als er sich an Kaunitz wandte, in der Hoffnung, der werde es billiger machen als Du. So ist dieser große Mann, den man für einen Salomon ausgibt; wenn man ihn nur sorgfältig und ununterbrochen beobachtet, ist er recht klein und ein bloßer Scharlatan, den Gewalt und sein Glück schirmt. Ich will nicht ruhmredig sein, aber mein Joseph ist doch etwas ganz anderes und arbeitet auch anders. Dafür zeugt die Armee, wie sie ist und sich behauptet; dafür zeugt der Briefwechsel zwischen Dir und dem Unhold. Leider sind wir im Unrecht, da wir nicht deutlich sprachen, und das können wir nicht; denn wir begehren Unrecht... Gott gebe, daß der Krieg weniger lang und blutig wird als die vorigen! Dies fällt mir im Augenblick ein; ich schicke es Dir, wie es ist, und küsse Dich zärtlich, aber in Trübsal. Lebe wohl!"

Ihr Haß gegen den Preußenkönig wird um so größer, als sie in ihm den eigentlichen Kriegstreiber sieht. Und mit Recht. Hatte doch Friedrich ein Friedensangebot Josephs in einem persönlichen Schreiben schroff abgelehnt. Joseph antwortet in würdiger und geschickter Form, die Maria Theresia richtig einzuschätzen weiß und ausdrücklich lobt.

Der Briefwechsel geht weiter, führt aber nicht zum Frieden. Die Kriegsvorbereitungen auf beiden Seiten halten an. Maria Theresia sucht noch immer nach einem Ausweg, um den Frieden zu retten, und Kaunitz erstrebt einen Ausgleich, der aber für Österreich vorteilhaft sein müßte.

Der Kanzler schickt einen Unterhändler zu Friedrich; es beginnt ein wildes Feilschen, begleitet von ständigen Friedensmahnungen der Kaiserin. Sie klammert sich dabei an die Vorstellung, der Preußenkönig wünsche selbst keinen Krieg, er verbreite nur Kriegspropaganda, um bei den Verhandlungen mehr herauszuschlagen.

Da überschreiten die preußischen Truppen am 5. Juli 1778 die böhmische Grenze. Der Kampf um den Frieden ist verloren. Joseph will den Friedensstörern mit der österreichischen Armee entgegenziehen. Maria Theresia hat ihren Kampf aufgegeben; sie bittet den Sohn nur, sich nicht in Gefahr zu begeben. Aber ihr Schmerz über diese verlorene Schlacht für den Frieden ist tief. „Nur am Fuße der Altäre finde ich Trost, und von dort erwarte ich Hilfe."

„Das Schwert allein genügt nicht", schreibt sie etwas später an den Sohn. „Kannst Du den Frieden auf dem Schlachtfeld abschließen, so tue es unter jeder

Bedingung. Das würde keine Schwäche sein; und wäre es eine solche, so wälze alles auf mein graues Haupt, das zu nichts anderem gut ist. Auch ich werde meinerseits versuchen, Dich zu unterstützen, um Dich aus dieser grausamen und gefährlichen Lage zu ziehen. Durch Zeitgewinn verlieren wir nur. Fürchte nichts für mich: ich fühle wieder meine frühere Kraft, und mit Gottes Hilfe werde ich mich wieder herausziehen."

Welcher Art ist nun diese Unterstützung? Joseph muß annehmen, daß seine Mutter alles versucht, um von sich aus die Kriegsvorbereitungen in der Monarchie weiterzutreiben und seine darauf bezüglichen Pläne – Hilfe bei den verbündeten Mächten, Anwerbung von Söldnern usw. – zu unterstützen. Aber er kennt seine Mutter zu wenig, er ahnt nicht, daß sie einen ganz andern Schritt meint, den sie sogleich ausführt: Sie schickt einen Brief an den Preußenkönig, mit dem sie der Politik des Sohnes in den Rücken fällt.

Ein Sonderkurier, Baron Thugut, wird unter falschem Namen zum Feind geschickt. Er bringt einen Brief Maria Theresias an den verhaßten Gegner – den ersten, den sie an ihn richtet –, in dem sie von der Unruhe ihres Mutterherzens spricht und den Wunsch anklingen läßt, das gute Einvernehmen möge für immer hergestellt werden.

Friedrich II. beantwortet dieses Schreiben mit Höflichkeitsformeln, deren Echtheit bei seinem Charakter zweifelhaft ist. In der Sache bleibt er hart. Eine Verständigung kommt nicht in Sicht.

Inzwischen langt bei Maria Theresia ein Brief Josephs an, der ihr die Bestätigung gibt, wie sehr Joseph sie mißverstanden hatte. Die Wendung „Auch ich werde meinerseits versuchen, Dich zu unterstützen" hatte er so aufgefaßt, daß Maria Theresia alles tun wolle, um die Kräfte der Monachrie für den Krieg zu mobilisieren. Geradezu enthusiastisch schreibt er ihr darauf: „Wie glücklich bin ich, eine solche Monarchie zu besitzen, und welche Vorwürfe müßte ich mir machen, wenn das kostbare Blut, das Sie in meine Adern verpflanzt haben, sich je in mir verleugnen könnte. Nein, teure Mutter, ich werde sowohl meine Anstrengungen wie meine Umsicht und meinen Mut verdoppeln, um das zu leisten, was Sie um mich verdienen, und, ich wage es zu wiederholen, man muß das Äußerste aufbieten, um diesem Feind standzuhalten..."

Er meint Krieg und sie Frieden. Um dieses Friedens willen schreibt sie an den Sohn den aufklärenden Brief, der ihn aus seinem Irrtum, aus seinen Illusionen reißen soll. Sie schreibt ihm von den Verhandlungen, die sie hinter seinem Rücken begonnen hat. Sie habe diese Verhandlungen aus eigenem Antrieb, auf eigene Verantwortung eingeleitet, und sie wolle sie auch aus eigenem Willen zu einem guten Ende führen. „Es handelt sich ja um Dich und daher um alles, was mir wert ist. Mein graues Haupt kann auch das Ärgste ertragen, und allen Tadel soll man auf mich wälzen." Man spürt, wie die Angst vor Joseph mitschwingt. Wie wird er darauf reagieren, daß sie seine Politik in dieser Weise torpedierte?

Joseph ist niedergeschmettert, als er diesen Brief liest. Seine Antwort ist dementsprechend bitter. Er nennt den Schritt der Mutter den entwürdigendsten, der nur immer ersonnen werden konnte, mit dem er sich niemals werde aussöhnen können. „Sie haben, ohne mich zu Rate zu ziehen, diese unglaublichen Verhandlungen begonnen... das Übel ist unheilbar; ich habe an nichts mehr zu denken, als die Trümmer der Ehre des Staates und meiner eigenen zu retten..."

Auch Kaunitz bekommt Josephs Wut zu spüren, obwohl er an dem Friedensschritt der Kaiserin unschuldig ist. Er gerät in die peinliche Lage zwischen zwei Fronten und bemüht sich, natürlich auch in eigenem Interesse, diesen schweren Konflikt zwischen Mutter und Sohn möglichst einzudämmen, eine kaum lösbare Aufgabe, selbst für diesen Meister der Diplomatie.

Joseph erwidert auf die beschwörenden Briefe der Mutter immer gereizter und verletzender. Er schreibt ihr, er werde sein ganzes Leben hindurch in diesen Verhandlungen eine Schande für die Monarchie sehen, er wolle daher mit ihnen nichts zu tun haben, sie allein möge bestimmen, was nun geschehen solle.

Maria Theresia hat nach diesem Pyrrhussieg über den Sohn, der ihr zugleich tief ins Herz schnitt, freie Bahn für ihren Friedensplan. Dieser wird nun Friedrich unterbreitet. Er hat die Nachricht von der Ankunft des Sonderbotschafters Thugut freundlich aufgenommen. Auch findet er ihm gegenüber wieder schmeichelhafte Worte für die Kaiserin, doch im Kern der Sache gibt er nicht nach. Er wäre nicht Friedrich II., würde er nicht aus der Situation alles herausschlagen, vor allem eine Demütigung und Schwächung der Monarchie.

Die Verhandlungen ziehen sich wochenlang hin, während der Krieg „eingefroren" wird, sich bei Vermeidung jeder offenen Feldschlacht auf strategische Winkelzüge beschränkt, allenfalls auf unbedeutende Gefechte.

Am 16. August werden die Verhandlungen ergebnislos abgebrochen. Aber noch immer kommt es zu keiner Entscheidungsschlacht, da sich mittlerweile das Wetter ungünstig entwickelt hatte. Als es sich wieder bessert, ist es Friedrich, der einer Schlacht ausweicht und den Rückzug antritt. Er verläßt Böhmen und Sachsen, nicht ohne schwere Verwüstungen angerichtet zu haben.

Die Österreicher rücken in Sachsen ein und erhalten von Maria Theresia den strengen Befehl, alle Plünderungen zu unterlassen. „Wir haben diejenigen der Preußen getadelt – und jetzt sollten wir noch schlechter handeln?"

Ihre Friedensmission hat sie nicht aufgegeben. Ein

neuer Brief geht an den König von Preußen, wird aber zuerst Joseph zur Einsicht vorgelegt. Sie überläßt ihm geradezu die Entscheidung, ob er den Brief weiterleiten wolle oder nicht, sie wirbt um das Verständnis ihres Sohnes und sucht, ihn versöhnlich zu stimmen. „Du denkst als Staatsmann, und ich als Frau und Mutter" – so sucht sie ihren Standpunkt vor ihm zu rechtfertigen.

Josephs jüngerer Bruder Leopold, der später als dessen Nachfolger auf dem Kaiserthron einer der besten Habsburgerherrscher wurde, ist inzwischen aus dem Großherzogtum Toskana in Wien angelangt. Ihm vertraut sich Maria Theresia an, und er begibt sich im Auftrag der Mutter zu Joseph, um beruhigend und versöhnend auf diesen einzuwirken. Diese Mission gelingt ihm. Von nun an hört der gereizte Ton in den Briefen Josephs auf, und dieser nähert sich immer mehr der Friedenspolitik seiner Mutter.

Eine weitere Hilfe erwartet sich Maria Theresia von der Tochter Marie Antoinette. Frankreich soll durch sie zu einer Vermittlung bewegt werden. „Trachten Sie, meine teure Tochter", schreibt sie ihr am 9. September 1778, „diese Verhältnisse ehestens beenden zu lassen; Sie werden eine Mutter retten, die nicht mehr weiter kann, und zwei Brüder, die auf die Dauer zusammenbrechen müssen, ebenso Ihr Vaterland und ein ganzes Volk, das Ihnen so zugetan ist." Sie erbittet von Marie Antoinette, Frankreich möge eine feste Sprache führen und das Bündnis mit Österreich zur Geltung bringen, wenn es einen Schritt der Vermittlung unternehme. Marie Antoinette verspricht der Mutter, sich in ihrem Sinne zu verwenden. Das Ergebnis war jedoch kaum der Rede wert.

Die eher feindselige Haltung Katharinas von Rußland sucht die Kaiserin in einem persönlichen Brief aufzuweichen. Sie fordert darin die russische Herrscherin auf, in dem Konflikt zu vermitteln und sich einem gleichen Vermittlungsschritt Frankreichs anzuschließen.

Im Frühjahr des Jahres 1779 kommt es in dem schlesischen Städtchen Teschen zu Verhandlungen zwischen Österreich, Preußen und den zwei vermittelnden Mächten Frankreich und Rußland. Sie beginnen am 10. März. Der erste Erfolg ist der Verzicht Österreichs auf Bayern und Friedrichs auf die Lausitz. Aber dann ziehen sich die Gespräche wieder hin, und in Maria Theresia erwacht der schreckliche Verdacht, Friedrich verhandle nur zum Schein, um dann bei günstigem Frühjahrswetter wieder in Böhmen einzufallen.

Endlich, am 13. Mai 1779, dem Geburtstag Maria Theresias, war man soweit: der Friede wurde unterschrieben und besiegelt. Österreich erhielt als mageren Gewinn das Innviertel mit Ried, Braunau und Schärding. Der Traum einer Entschädigung für den Verlust Schlesiens durch die Erwerbung Bayerns war ausgeträumt. Es blieb eine bescheidene Abrundung des oberösterreichischen Landesteiles; und es blieb, als kostbarster Gewinn, die Erhaltung des Friedens. Maria Theresia hatte hier noch einmal gesiegt. In einem feierlichen Tedeum im Stephansdom dankt sie dem Herrgott dafür.

„Ich habe heute glorios meine Karriere geendigt", schreibt sie darüber an Kaunitz, „... mit einem Tedeum. Was ich um der Ruhe in meinem Lande willen mit Freuden übernahm, habe ich, soviel es mich auch gekostet, mit Seiner Hilfe geendigt. Das übrige wird nicht mehr viel sein."

Schon Jahre vor dieser Zeit hatte sich Maria Theresia als alte Frau gefühlt. Am 7. August 1769 schrieb sie an ihre „liebste Salerl", die Gräfin Rosalia Edling: „Meine äußerliche Gesundheit scheint zwar gut; ich bin sehr fett, mehr als meine hochseligste Frau Mutter, auch rot, besonders seit den Blattern, aber die Füße, Brust, Augen gehen zugrunde; erstere sind sehr geschwollen... Das Übelste ist, daß ich weder Glas noch Brillen brauchen kann. Die Brust fühlt, glaube ich, einen guten Anfang von Dampf, denn mit dem Atmen, auch ebenen Fußes und sogar beim Liegen, geht es schwer. Ich kann mich nicht beklagen: der Mensch muß aufhören. Fünfzig Jahre war ich ganz gesund; es ist billig, daß ich doch auch etwas empfinde; es ist eine Barmherzigkeit Gottes..."

Zehn Jahre später schreibt der Sohn Leopold (in einer Abhandlung über seine Familie) einen Bericht über den Zustand seiner Mutter: „Ihr Gedächtnis hat sehr nachgelassen, sie erinnert sich nicht mehr an viele Dinge und gegebene Befehle. Häufig wiederholt sie sie, und daraus entsteht Verwirrung. Sie beginnt etwas schwerhörig zu werden und hat durch den ständigen Verdruß ihren Mut und ihre Aktivität eingebüßt; sie läßt alle Angelegenheiten laufen und läßt fast jedem im Hause wie in der Familie in den Staatsgeschäften machen, was er will, da sie selbst ständig mit Gebet und Andachten beschäftigt ist. Sie macht sich über viele Dinge Skrupel und mißtraut sich selbst und allen anderen. Sie freut sich nie über etwas und ist ständig allein und melancholisch, da sie nie Gesellschaft hat und über alles vergrämt ist... Fast ständig klagt sie über das Land und die Leute, die Sitten und die Erziehung, daß ihre guten Absichten nicht unterstützt werden, daß sie niemanden mehr hat, dem sie vertrauen kann, und daß sie so nichts mehr leisten und ihre Pflicht nicht mehr erfüllen kann und daß sie ihr Seelenheil verlieren wird und daß sie sich ganz zurückziehen und die Regierung aufgeben wird, da sie ja sieht, daß sie niedergeschlagen ist und allen lästig fällt, was sie jedoch, wie ich glaube, niemals machen wird, auf die Regierung zu verzichten oder sich zurückzuziehen." Leopold kannte seine Mutter gut.

Die kurze Erdenfrist, die ihr noch gegönnt ist, gestaltet sich zur Friedenszeit. Auch Freude erlebt sie noch. Im Winter verheiratet sie vier von ihren Kammerfrauen – das Ehestiften kann sie nicht lassen. Nur mit Friedich II. gibt es noch einmal Ärger. Er bereitet Schwierigkeiten, als Maria Theresia für ihren jüngsten Sohn Maximilian die Kurfürstenwürde von Köln und Münster anstrebt. Doch endlich erreicht sie, was sie sich vorgenommen hat. Maximilian wurde später zu einem Förderer Beethovens und hat ihm alle Wege geebnet, die nach Wien und zu seinem Weltruhm führten.

Noch einen Todesfall, der sie hart trifft, hat sie zu verwinden: den ihres Schwagers Karl von Lothringen am 4. Juli 1780. Er war zuletzt Statthalter der österreichischen Niederlande gewesen. „Ich war ihm im wahrsten Sinn sehr zugetan. Er war die Güte selbst und hat seine Provinz zur glücklichsten der ganzen Monarchie gemacht", schreibt die Kaiserin über ihn.

Im Zusammenhang mit diesem schmerzlichen Verlust muß sich Maria Theresia noch einmal über ihren Sohn Joseph grämen. Dieser war von Karl von Lothringen testamentarisch als Universalerbe eingesetzt worden. Es war naheliegend, daß zur Etablierung von Karls Nachfolger – Maria Theresias Schwiegersohn Herzog Albert von Sachsen-Teschen – diesem das Notwendigste überlassen wurde. Joseph riß jedoch rücksichtslos alles an sich und ließ Pferde, Wagen, Möbel, Geschirr usw. so rasch wie möglich zu Geld machen. Maria Theresia beschwerte sich über diese unwürdige Art, „die auf ganz Europa einen schlechten Eindruck macht", auch Kaunitz erhob Vorwürfe. Joseph antwortete ungerührt: „Es ist mein Erbe, ich weiß, was ich tue!"

Ihren letzten Brief an Marie Antoinette – er trägt das Datum vom 3. November 1780 – belädt sie noch einmal mit der mütterlichen Sorge um diese Tochter, die selbst als Königin von Frankreich ihr eigentliches Sorgenkind bleibt. Immer wieder zweifelt sie, ob sich Marie Antoinette auch richtig verhalte: dem König, dem Hof, dem Lande gegenüber. Auch dieser Brief sollte die Erziehung der Tochter ergänzen:

„Madame meine teure Tochter! Ich war gestern (am 2. November, dem Geburtstag Marie Antoinettes. Anm. d. Verf.) den ganzen Tag mehr in Frankreich als in Österreich und habe mir diese ganze glückliche Zeit wieder ins Gedächtnis zurückgerufen, die seither verstrichen ist. Die Erinnerung allein tröstet mich. Ich bin sehr froh, daß Ihre Kleine, die Sie so sanft nennen, wieder genest, und über alles, was Sie mir über die Lebensweise mit dem König berichten. Man muß auf die Folgen hoffen. Ich gestehe, daß ich annahm, daß Sie nicht zusammen schliefen, ich vermutete es. Ich muß nun das, was Sie mir darüber sagen, für richtig halten: aber ich hätte gewünscht, daß Sie sich auf deutsche Art benommen hätten und eher für eine gewisse Intimität gewesen wären, die das mit sich bringt, wenn man zusammen ist.

Ich freue mich, daß Sie sich vornehmen, die ganze Repräsentation in Versailles wiederaufzunehmen: Ich kenne ihre ganze Langeweile und Leere; aber glauben Sie mir, wenn es keine Repräsentation gibt, sind die Unannehmlichkeiten, die daraus entstehen, viel wesentlicher als die kleinen Unannehmlichkeiten des Repräsentierens, besonders bei Ihnen mit einer so lebhaften Nation. Ich hätte ebenso wie Sie sehr gewünscht, daß der Winter den Reisen des Kaisers (Joseph) ein Ende setze; aber er ist vollauf damit beschäftigt, sich Anfang März nach den Niederlanden zu begeben und den ganzen Sommer draußen zu bleiben. Das steigert sich alle Jahre und vermehrt meinen Kummer und meine Unruhe; und in meinem Alter hätte ich Hilfe und Trost nötig und verliere alles, was ich liebe, einen nach dem andern. Ich bin davon ganz niedergedrückt.

Der Kaiser rechnet darauf, nachdem er in Brüssel gewesen ist und das Land gesehen hat, sich nach Holland zu begeben und Ihnen vielleicht einen Besuch zu machen, was ich sehr einer Seereise, selbst wenn diese Reise länger dauern sollte, vorziehe.

...Ich selbst leide seit vier Wochen unter einem Rheumatismus am rechten Arm, was die Ursache ist, daß dieser Brief noch weniger gut als gewöhnlich geschrieben ist, und was mich veranlaßt zu schließen, indem ich Sie meiner ganzen Liebe versichere."

Es ist, als ob ihre Sorge von der dunklen Ahnung genährt wäre, welches furchtbare Schicksal über diese Tochter verhängt ist.

Ahnt auch Marie Antoinette etwas? Nur wenig Phantasie ist notwendig, um das aus den Zeilen herauszulesen, die Frankreichs Königin, die in ihrem Lande später so verhaßte „Österreicherin", an den Bruder Joseph am 10. Dezember richtete, als sie vom Tod der Mutter erfahren hatte. Man spürt förmlich, wie sie sich an dieses ferne Österreich klammert: „Vom schrecklichen Unglück niedergeschmettert, kann ich Ihnen nur, in Tränen aufgelöst, schreiben. O mein Bruder! o mein Freund! Nur Sie bleiben mir also in einem Lande, das mir stets teuer ist und bleiben wird. Schonen Sie sich, geben Sie auf sich acht; Sie sind es allen schuldig. Es bleibt mir nur übrig, Ihnen meine Schwestern zu empfehlen. Sie haben noch mehr als ich verloren; sie werden sehr unglücklich sein! Adieu! Ich sehe nicht mehr, was ich schreibe. Denken Sie daran, daß wir Ihre Freunde, Ihre Verbündeten sind; behalten Sie mich lieb. Ich küsse Sie."

Am Morgen des 8. November 1780 sah Maria Theresia in der hohen Halle der Gloriette des Schlosses Schönbrunn einer Fasanenjagd zu. Es war ein feuchtkalter Herbstmorgen, und die Kaiserin, die strahlend gelaunt war, dehnte den Aufenthalt im Freien aus. Sie wollte mit der Jagdgesellschaft noch eine neu aufgestellte Statue der Artemis bewundern. Recht spät kam man dann zum Jagdfrühstück ins Schloß.

In den Räumen, die Kaiser Franz bewohnt hatte und in denen noch alles unverändert war, harrten die gedeckten Tische der Gäste. Gegen ihre Gewohnheit dehnte Maria Theresia das Zusammensein aus, als könnte sie sich von den Räumen, die ihr geliebter Gatte bewohnt und gestaltet hatte – seine Bilder hingen an den Wänden –, nicht trennen. Dann machte sie noch einen Rundgang durch das Schloß, von ihrer Lieblingstochter Maria Christine und dem Schwiegersohn Albert geleitet. Vielleicht ahnte sie, daß dies ihr Abschied von Schönbrunn war, als sie sich dann in den Wagen heben ließ.

Die Wiener Burg nahm eine Kranke auf. Ein quälender Husten befiel die Kaiserin, Atemnot und Erstikkungsanfälle setzen ihr zu. Sie kann die Nächte nicht mehr im Bett verbringen und schläft, so gut es geht, in einem Lehnsessel. Tagsüber arbeitet sie wie sonst.

Am 22. November hat sie einen Fieberanfall und beginnt zu röcheln. In den Kirchen wird für sie gebetet. So geht es einige Tage, mit einer leichten Besserung, so daß sie das ihr vom päpstlichen Nuntius überbrachte Altarsakrament kniend empfangen kann. Joseph benachrichtigt inzwischen die Geschwister vom Zustand der Mutter.

Darauf rafft sie sich noch einmal zu einem Brief auf, der mit Eilkurier dem Erzherzog Leopold geschickt wird. Darin schreibt sie, nur mehr liebende Mutter und nicht mehr Herrscherin: „Meine mehr als zärtlich geliebten und teuren Kinder! Ich bin trostlos über den Kurier, der Euch geschickt wurde, denn ich fühle den Eindruck, den seine Sendung bei Euch hervorbringen wird, da ich die Größe Eurer Anhänglichkeit an mich kenne; urteilt daher über meine Beunruhigung. Ihr seid christlich gesinnt und tugendhaft; das tröstet mich ebenso, wie Ihr Euer Glück immer in Euch selbst findet. Gott möge Euch erhalten; ich aber gebe Euch beiden und euren zehn lieben Kindern meinen Segen. Maria Theresia."

Es ist, als ahnte Maria Theresia, daß sie nur mehr einen Tag und eine Nacht zu leben hat. Sie setzt noch letzte Verfügungen auf, ändert ihr Testament ab und bringt bei dieser Gelegenheit ihre letzten eigenhändigen Zeilen zu Papier. Mit vollkommen klarem Geist empfängt sie den ungarischen Hofkanzler und sagt zu ihm: „Ich sterbe. Sagen Sie Ihrer Nation, daß ich mich ihrer bis zum letzten Augenblick mit Dank erinnert habe!"

Fünf Kinder sind um sie, als sie von ihnen Abschied nimmt. Joseph, fassungslos in seinem Schmerz, ist am längsten bei ihr. Als er einmal zu ihr sagt: „Eure Majestät liegen schlecht", erwidert sie: „Aber gut genug, um zu sterben."

Sie lebt noch die Nacht durch und verlangt um fünf Uhr früh – es ist der 29. November 1780 – ihren gewohnten Morgenkaffee. Am Abend bäumt sich ihr Körper in einem krampfartigen Anfall. Dann sinkt sie in die Arme Josephs zurück. Es ist zu Ende. Joseph wirft sich schluchzend über den Leichnam seiner Mutter.

In der „demütigen Kleidung eines geistlichen Habits" wird der Leichnam in der Kapuzinergruft beigesetzt. Dragoner sperren die Augustinerstraße ab, Kerzen brennen in den Fenstern.

Die Wiener, und mit ihnen die Landeskinder in allen Teilen des Reiches, trauern um ihre Mutter, ihre Herrscherin, an der sie so vieles bewundert und geliebt hatten, besonders aber dies: Gerechtigkeitssinn und Herzensgüte.

Zeittafel

1713 Verkündung der 1703 beschlossenen Pragmatischen Sanktion durch Karl IV.
1717 13. Mai: Maria Theresia geboren.
1722 Bestätigung der Pragmatischen Sanktion durch den ungarischen Reichstag.
1727 Katharina I. von Rußland gestorben.
Regierungsantritt Georgs II. von England.
1728 Preußen anerkennt die Pragmatische Sanktion.
1730 Fluchtversuch des preußischen Kronprinzen.
1733 Beginn des polnischen Thronfolgekrieges zwischen Rußland und Österreich einerseits und Frankreich und Spanien andererseits.
August der Starke, Kurfürst von Sachsen und König von Polen, gestorben.
1736 12. Februar: Vermählung Maria Theresias mit Franz Stephan von Lothringen.
1737 Franz Stephan wird Großherzog von Toskana.
Österreich tritt, verbündet mit Rußland, in den Krieg gegen die Türkei ein.
1738 Der Friede von Wien beendet den polnischen Thronfolgekrieg.
1739 Friede von Belgrad zwischen Österreich und der Türkei.
1740 20. Oktober: Regierungsübernahme Maria Theresias nach dem Tod Karls VI.
Friedrich II. wird König von Preußen als Nachfolger Wilhelms I.
Zarin Anna Iwanowna gestorben.
Kaunitz österreichischer Gesandter in Paris.
1741 Elisabeth, die Tochter Peters des Großen, durch einen Soldatenaufstand auf den russischen Thron erhoben.
Schlacht bei Mollwitz.
Franzosen und Bayern rücken in Oberösterreich ein.
1742 Karl Albert von Bayern wird römisch-deutscher Kaiser (Karl VII.).
Friede von Breslau und Berlin nach dem Sieg Friedrichs bei Chotusitz.
1743 Die Österreicher rücken in München ein.
1744 Friedrich II. besetzt Böhmen.
1745 Der Friede von Dresden beendet den zweiten Schlesischen Krieg.
Kaiser Karl VII. gestorben.
13. September: Franz Stephan wird als Franz I. römisch-deutscher Kaiser.
1746 Philipp V. von Spanien gestorben.

1748 Der Friede von Aachen beendet den österreichischen Erbfolgekrieg.

1753 Kaunitz wird Kanzler.

1755 Beginn des englisch-französischen Krieges um die nordamerikanischen Kolonien.

1756 Beginn des Siebenjährigen Krieges.
Friedrich II. besiegt bei Lobositz die Österreicher.

1757 Österreichischer Sieg bei Kolin über Preußen.
Die Preußen schlagen die Franzosen bei Roßbach, die Österreicher bei Leuthen.

1758 Bei Zorndorf zwingt Friedrich II. die Russen zum Rückzug.
Sieg Dauns bei Hochkirch über die Preußen.

1759 Laudon siegt bei Kunersdorf über Friedrich II.

1760 Bei Liegnitz wird Laudon und bei Torgau Daun von Friedrich II. geschlagen.
Regierungsantritt Georgs III. von England.

1762 Peter III. besteigt nach dem Tode Elisabeths den russischen Thron, wird durch eine Verschwörung gestürzt und ermordet.
Katarina II. zur Herrscherin Rußlands erhoben.
Friedrich II. siegt bei Burkersdorf über die Österreicher.

1763 Friede von Hubertusburg beendet den Siebenjährigen Krieg.
England gewinnt Kanada.
August III. von Sachsen gestorben.

1764 Stanislaus Poniatowski wird König von Polen.

1765 18. August: Tod Franz Stephans.
Joseph römisch-deutscher Kaiser und Mitregent Maria Theresias.
Leopold wird Großherzog von Toskana.

1768 Ausbruch des russisch-türkischen Krieges.
Beginn des polnischen Bürgerkrieges (Konföderation des österreichfreundlichen Adels von Bar).

1769 Erste Zusammenkunft Josephs mit Friedrich II.

1771 Regierungsantritt Gustavs III. von Schweden.

1772 Erste Teilung Polens.

1774 Russisch-türkischer Krieg beendet.
10. Mai: Ludwig XV. gestorben, Ludwig XVI. tritt die Regierung an.

1775 Österreich besetzt die Bukowina.

1776 Unabhängigkeitserklärung der nordamerikanischen Kolonien Englands.

1777 Maximilian Joseph von Bayern gestorben.

1778 Voltaire und Rousseau gestorben.
Frankreich erkennt die Unabhängigkeit der Vereinigten Staaten von Nordamerika an und schließt ein Bündnis mit ihnen.
Bayerischer Erbfolgekrieg.

1779 Friede v. Teschen, Bayerischer Erbfolgekrieg wird beigelegt.

1780 29. November: Maria Theresia gestorben.

Literatur

Quellen

Arneth, Alfred von: Briefe Maria Theresias an ihre Kinder und Freunde. Vier Bände. Wien 1881

Arneth, Alfred von: Maria Theresia und Joseph II. Briefwechsel. Wien 1867-1868.

Christoph, Paul: Maria Theresia und Marie Antoinette. Ihr geheimer Briefwechsel. Wien 1952

Jessen, Hans: Friedrich der Große und Maria Theresia in Augenzeugenberichten. Düsseldorf 1965

Khevenhueller-Metsch, Johann Josef: Aus der Zeit Maria Theresias. Tagebuch 1742-1776. Acht Bände. 8. Band Wien 1972

Khevenhueller-Metsch, Johann Josef: Feste und Feiern zur Zeit Maria Theresias. Nach den Tagebucheintragungen. Dokumentation. Wien 1987

Mraz, Gerda und Gottfried: Maria Theresia. Ihr Leben und ihre Zeit in Bildern und Dokumenten. München 1979

Maria Theresia in Briefen und Staatsschriften. Österreich-Reihe 1. Wien 1954

Podewils, O. Graf von: Friedrich der Große und Maria Theresia. Diplomatische Berichte des preußischen Gesandten am österreichischen Hof. Hrsg. Carl Hinrichs. Berlin 1937

Darstellungen

Arneth, Alfred von: Geschichte Maria Theresias. Zehn Bände. Wien 1863-1879

Berglar, Hans-Peter: Maria Theresia in Selbstzeugnissen und Bilddokumenten. Rowohlts Monographien 286. Hamburg 1980

Crankshaw, Edward: Maria Theresia. Die mütterliche Majestät. München 1976

Dickson, P.G.M.: Finance and governement under Maria Theresia. Zwei Bände Oxford 1987

Duffy, Christopher: The Wild Goose and the Eagle. London o.J.

Duffy, Christopher: The Army of Maria Theresa. Vancouver 1977

Fejtö, François: Joseph II. Porträt eines aufgeklärten Despoten. München 1987

Fussenegger, Gertrud: Maria Theresia. Wien 1980

Gaxotte, Pierre: Le siècle de Louis XV. Paris 1946

Guglia, Eugen: Maria Theresia. Zwei Bände. Wien 1917

Heer, Friedrich: Der König und die Kaiserin. Friedrich und Maria Theresia. Ein deutscher Konflikt. München 1981

Hennings, Fred: Und sitzet zur rechten Hand. Franz Stephan. Wien 1961

Holmsten, Georg: Friedrich II. in Selbstzeugnissen und Bilddokumenten. Rowohlts Monographien 159. Hamburg 1969

Koschatzky, Walter (Hrsg): Maria Theresia und ihre Zeit. Salzburg 1980

Koser, Reinhold: Geschichte Friedrichs des Großen. Vier Bände. Darmstadt 1963

Kugler, Franz: Geschichte Friedrichs des Großen. Leipzig 1940

Leitich, Ann Tizia: Augustissima. Maria Theresia – Leben und Werk. Wien 1963

Levron, Jacques: Ludwig XV., der Vielgeliebte. Stuttgart 1967

McGill, William J.: Maria Teresa. New York 1972

Magenschab, Hans: Joseph II. Revolutionär von Gottes Gnaden. Graz 1979

Mikoletzky, Hans Leo: Österreich. Das große achtzehnte Jahrhundert. Von Leopold I. bis Leopold II. Wien 1967

Moerchel, Joachim: Die Wirtschaftspolitik Maria Theresias und Josephs II. München 1979

Otruba, Gustav: Die Wirtschaftspolitik Maria Theresias. Österreich-Reihe 192-194. Wien 1963

Pangels, Charlotte: Die Kinder Maria Theresias. Leben und Schicksal in kaiserlichem Glanz. München 1980

Pfister, K.: Maria Theresia. München 1949

Raithel, Richard: Maria Theresia und Joseph II. ohne Purpur. Wien 1954

Reinhold, Peter: Maria Theresia. Wiesbaden 1957; Neuauflage Frankfurt 1977

Schreiber, Georg: Franz I. Stephan. An der Seite einer großen Frau. Graz 1986

Schreyvogl, Friedrich. Joseph II. Wien 1964

Silva-Tarouca, Egbert: Der Mentor der Kaiserin. Wien 1960

Simon, Edith: Friedrich der Große. Das Werden eines Königs. Tübingen 1963

Tapié, Victor: L'Europe de Marie-Thérèse. Du baroque aux lumières. Paris 1973

Tapié, Viktor Lucien: Maria Theresia. Graz 1980

Thadden, Franz Lorenz von: Feldmarschall Daun, Maria Theresias größter Feldherr. Wien 1967

Tschuppik, Karl: Maria Theresia. Amsterdam 1934

Vallotton, Henry: Kaiserin Maria Theresia, Herrscherin und Mutter. Hamburg 1968

Vallotton, Henry: Maria Theresia. Die Frau, die ein Weltreich regierte. München 1978

Walter, Friedrich: Die Paladine der Kaiserin. Ein Maria-Theresia-Buch. Österreich-Reihe 90-92. Wien 1959

Wandruszka, Adam: Leopold II. Zwei Bände. Wien 1966

Wandruszka, Adam: Maria Theresia. Die große Kaiserin. Persönlichkeit und Geschichte 110. Frankfurt 1980

Stammtafel

Leopold I.
* 9.6.1640 † 5.5.1705
Erzherzog von Österreich,
1685 römisch-deutscher Kaiser

∞ 1 Margarete Theresia von Spanien
* 12.7.1651 † 13.12.1673
2 Claudia Felicitas von Österreich
* 30.5.1653 † 8.4.1676
3 Eleonore Magdalena von der Pfalz
* 6.1.1655 † 19.1.1720

aus den Ehen 16 Kinder, darunter aus der 3. Ehe:

Wilhelmine Amalie von Braunschweig-Lüneburg
* 21.4.1673
† 10.4.1742

∞

Joseph I.
* 26.7.1678
† 17.4.1711
Erzherzog von Österreich
1705 römisch-deutscher Kaiser

3 Kinder, darunter
ein frühverstorbener Sohn

Karl VI.
* 1.10.1658
† 20.10.1740
Erzherzog von Österreich
1711 römisch-deutscher Kaiser

∞

Elisabeth Christine von Braunschweig-Wolfenbüttel
* 7.9.1691
† 21.12.1750

Sohn frühverstorben,
3 Töchter, darunter:

Maria Theresia
* 13.5.1717 † 29.11.1780
Erzherzogin von Österreich,
Königin von Ungarn und Böhmen,
Gemahlin des römisch-deutschen Kaisers

Karl V. Leopold — ∞ — Eleonora Maria Josepha von Österreich
* 3.4.1643 † 18.4.1690
Herzog von Lothringen

* 31.5.1653 † 17.12.1697
(Tochter Kaiser Ferdinands III.)

6 Kinder, darunter:

Leopold Joseph — ∞ — Elisabeth Charlotte von Orleans
* 11.9.1679 † 27.3.1729
Herzog von Lothringen

* 13.9.1676 † 23.12.1744

13 Kinder, darunter:

— ∞ — Franz Stephan
* 8.12.1708 † 18.8.1765
Herzog von Lothringen, Großherzog von Toskana,
wird 1745 als Franz I. römisch-deutscher Kaiser

16 Kinder, siehe folgende Seiten

Die Kinder Maria Theresias

1 Maria Elisabeth
* 5.2.1737 † 7.6.1740

2 Maria Anna
* 6.10.1738 † 19.11.1789
Äbtissin in Prag

3 Maria Karoline
* 12.1.1740 † 25.1.1741

4 Joseph II.
* 13.3.1741 † 20.2.1790
Erzherzog von Österreich, folgt 1765 als römisch-deutscher Kaiser
∞ 1 Maria Isabella von Parma
* 31.12.1741 † 27.11.1763
∞ 2 Maria Josepha *(Tochter Kaiser Karls VII.)*
* 30.3.1739 † 28.5.1767

5 Maria Christine
* 13.5.1742 † 24.6.1798
∞ Albert, *Herzog von Sachsen-Teschen*
* 11.7.1738 † 10.2.1822

6 Maria Elisabeth
* 13.8.1743 † 22.9.1808
Äbtissin in Innsbruck

7 Karl Joseph
*1.2.1745 † 18.1.1761

8 Maria Amalia
* 26.2.1746 † 18.6.1804
∞ Ferdinand, *Herzog von Parma*
* 20.1.1751 † 9.10.1802

9 Leopold II.
* 5.5.1747 † 1.3.1792
Erzherzog von Österreich, Großherzog von Toskana, folgt 1790 als römisch-deutscher Kaiser
∞ Maria Luise von Spanien
* 24.11.1745 † 15.5.1792

10 Maria Karoline
* und † 17.9.1748

11 Johanna
* 4.2.1750 † 23.12.1762

12 Josepha
* 19.3.1751 † 15.10.1767

13 Maria Karoline
* 13.8.1752 † 8.9.1814
∞ Ferdinand IV., *König beider Sizilien*
* 12.1.1751 † 4.1.1825

14 Ferdinand
* 1.6.1754 † 24.12.1806
Erzherzog von Österreich, Herzog von Modena
∞ Beatrice von Modena aus dem Hause Este
* 6.4.1750 † 14.11.1829

15 Maria Antonia (Marie Antoinette)
* 2.11.1755 † 16.10.1793 (hinger.)
∞ Ludwig XVI., *König von Frankreich*
* 23.8.1754 † 21.1.1793 (hinger.)

16 Maximilian Franz
* 8.12.1756 † 27.6.1801
Hochmeister des Deutschen Ordens,
Kurfürst von Köln,
Bischof von Münster

(Maria Theresia stammte aus dem Hause Habsburg, ihr Gemahl aus dem Hause Lothringen, mit ihren Kindern beginnt das Haus Habsburg-Lothringen. Alle diese Kinder sind Erzherzöge bzw. Erzherzoginnen von Österreich.)

Personenregister